/100位

为新中国成立作出突出贡献的英雄模范人物/

狼牙山五壮士

纪旭明　吕　兰／编著

★

吉林出版集团 | 吉林文史出版社

图书在版编目（CIP）数据

狼牙山五壮士 / 纪旭明，吕兰编著. -- 长春：吉
林文史出版社，2011.4（2024.5重印）
（100位为新中国成立作出突出贡献的英雄模范人物）
ISBN 978-7-5472-0567-9

Ⅰ. ①狼… Ⅱ. ①纪… ②吕… Ⅲ. ①革命烈士—生
平事迹—中国 Ⅳ. ①K820.6

中国版本图书馆CIP数据核字(2011)第051228号

狼牙山五壮士

LANGYASHANWUZHUANGSHI

编著/ 纪旭明 吕兰

选题策划/ 王尔立 责任编辑/ 王尔立

装帧设计/ 韩璘

出版发行/ 吉林文史出版社

地址/ 长春市福祉大路5788号 邮编/ 130118

电话/ 0431-81629363 传真/ 0431-86037589

印刷/ 天津海德伟业印务有限公司

版次/ 2011年4月第1版 2024年5月第7次印刷

开本/ 640mm×920mm 1/16

印张/ 9 字数/ 100千

书号/ ISBN 978-7-5472-0567-9

定价/ 29.80元

/**100**位

为新中国成立作出突出贡献的英雄模范人物/

八女投江	于化虎	小叶丹	马本斋	马立训	方志敏
毛泽民	毛泽覃	王尔琢	王尽美	王克勤	王若飞
邓 萍	邓中夏	邓恩铭	韦拔群	冯 平	卢德铭
叶 挺	叶成焕	左 权	诺尔曼·白求恩		任常伦
关向应	刘老庄连	刘伯坚	刘志丹	刘胡兰	吉鸿昌
向警予	寻淮洲	戎冠秀	朱 瑞	江上青	江竹筠
许继慎	阮啸仙	何叔衡	佟麟阁	吴运铎	吴焕先
张太雷	张自忠	张学良	张思德	旷继勋	李 白
李 林	李大钊	李公朴	李兆麟	李硕勋	杨 殷
杨子荣	杨开慧	杨虎城	杨靖宇	杨闇公	萧楚女
苏兆征	邹韬奋	陈延年	陈树湘	陈嘉庚	陈潭秋
冼星海	周文雍、陈铁军夫妇		周逸群	明德英	林祥谦
罗亦农	罗忠毅	罗炳辉	郑律成	恽代英	段德昌
贺 英	赵一曼	赵世炎	赵尚志	赵博生	赵登禹
闻一多	埃德加·斯诺		夏明翰	格里戈里·库里申科	
狼牙山五壮士		聂 耳	郭俊卿	钱壮飞	黄公略
彭 湃	彭雪枫	董存瑞	董振堂	谢子长	鲁 迅
蔡和森	戴安澜	瞿秋白			

前 言

　　每个人的心中都多少有一点英雄情结，都向往英雄、景仰英雄。也正因此，在中华人民共和国建国六十周年之际，由中央十一部委联合组织开展的"100位为新中国成立作出突出贡献的英雄模范人物和100位新中国成立以来感动中国人物"的评选活动中，群众参与投票总数近一亿。这其中的每一张选票，都表达了人们对英雄模范的崇敬之情，寄托着对伟大祖国的美好祝福。

　　一个民族不能没有英雄，否则这个民族就不会强大。当国家危难之时，懦弱者选择了逃避、妥协甚至投降，英雄们却挺身而出，用热血捍卫民族的尊严，人民的幸福。在创立和建设新中国的伟大历程中，涌现出无数可歌可泣的英雄模范人物。他们之中，有为了民族独立和人民解放而英勇牺牲的革命先烈，有为了党和人民的事业而不懈奋斗的优秀共产党员，有在全民族抗战中顽强奋战、为国捐躯的爱国将士，有英勇杀敌的战斗英雄和革命群众，有积极从事进步活动的著名民主爱国人士和国际友人……他们是民族的脊梁、祖国的骄傲，是激励全体人民团结奋斗的精神力量。

　　《100位为新中国成立作出突出贡献的英雄模范人物传记》丛书，就像一部星光璀璨的英雄谱，真实、完整地记录了英雄模范人物不平凡的一生，再现了他们非凡的人格魅力和精神世界。"头颅可断腹可剖"的铁血将军杨靖宇，"毫不利己，专门利人"的白求恩，"抗战军人之魂"张自忠，"砍头不要紧"的夏明翰，"俯首甘为孺子牛"的文化斗士鲁迅……一串串闪光的名字，一个个动人的故事，犹如群星闪烁，光耀中华。

　　如今，战火已熄，硝烟已散，英雄已逝，我们沐浴在和平的幸福之中。在和平年代，人们不会忘记为今日的和平浴血奋战的英雄们，英雄的故事永远不会结束。让我们用英雄的故事唤醒我们心中的激情，为中华民族的伟大复兴而奋斗。

生平简介

　　抗日战争时期，在河北省易县狼牙山战斗中英勇抗击日伪军的八路军五位英雄，用生命和鲜血谱写出一首气吞山河的壮丽诗篇。他们是八路军晋察冀军区第一军分区第一团第七连第六班班长、共产党员马宝玉，副班长、共产党员葛振林，战士宋学义、胡德林、胡福才。

　　1941年8月，侵华日军华北方面军调集七万余人的兵力，对晋察冀边区所属的北岳、平西根据地进行残酷的"大扫荡"。9月25日，日伪军约三千五百余人围攻河北易县城西南的狼牙山地区，企图歼灭该地区的八路军和地方党政机关。晋察冀军区第一军分区某部第七连奉命掩护党政机关、部队和群众转移。完成任务撤离时，留下六班马宝玉等五名战士担负后卫阻击。他们坚定沉着，利用有利地形，英勇还击，打退日伪军多次进攻，毙伤日伪军九十余人。次日，为了不让日伪军发现连队转移方向，他们边打边撤，将日伪军引向狼牙山棋盘坨峰顶绝路。日伪军误认为咬住了八路军主力，遂发起猛攻。五位战士临危不惧，利用地形，英勇阻击，子弹打光后，用石块还击，一直坚持战斗到日落。面对步步逼近的日伪军，他们毁掉枪支，义无反顾，纵身跳下数十丈深的悬崖。马宝玉、胡德林、胡福才壮烈殉国，葛振林、宋学义被山腰树枝挂住，幸免于难。

◀ 狼牙山五壮士

目 录 MULU

气壮山河狼牙山（代序）

屹立在河北易县西部的太行山东麓有一座奇峰林立、峥嵘险峻，状若狼牙的山，被称为狼牙山。两千年前，燕国太子丹曾在这里送别去刺秦王的壮士荆轲。两千年后，五位八路军战士，又在这里铭刻下烈士的名字，用自己的鲜血和生命，写下了更为光辉的诗篇。

抗日战争最艰苦的年月里，八路军某部班长马宝玉，副班长葛振林，战士宋学义、胡福才、胡德林，在日本侵略军对河北易县地区进行扫荡时，为了掩护主力部队和人民群众的安全转移，接受了阻击日军的任务，登上了狼牙山棋盘坨主峰。日军以三四千兵力狠扑狼牙山，马宝玉等五位战士，凭借居高临下的有利地形，与拥有飞机大炮的敌人进行了殊死搏斗。敌人接连发动了三次冲锋，均被他们击退，胜利完成了牵制敌人的任务。最后弹尽粮绝而舍身跳崖，用宁死不屈的革命气节谱写了壮丽的诗篇。五勇士悲壮之举，令一向骄横的武士道信徒们个个胆颤心惊，直到这时他们才弄明白，数千日军围攻一天，耗费大量弹药，死伤数百人，原来与他们作战的只有五名八路军战士。

五勇士跳崖后，马宝玉、胡福才、胡德林三人壮烈殉国，葛振林，宋学义在半山腰被树枝挡住，负伤脱险后回部队。

马宝玉等五位战士的壮举，表现了崇高的爱国主义、革命英雄主义精神和坚贞不屈的民族气节，被人民群众誉为"狼牙山五壮士"。

1942 年 4 月，晋察冀军区在棋盘坨上建立了"三烈士塔"，后毁于日军炮火。1959 年 3 月重建"狼牙山五勇士纪念塔"，聂荣臻元帅亲笔题词：

视死如归本革命军人应有精神，
宁死不屈乃燕赵英雄光荣传统。

苦难中挣扎

(1913—1937)

→ 血与泪的童年

★★★★★

1920 年 10 月的一天，河北省蔚县陈家洼乡下元皂村一间低矮破旧的茅屋里传出一声洪亮的哭声，在一户马姓人家，一个男婴呱呱落地了，他就是"狼牙山五壮士"之一的马宝玉。虽然全家三代八口人挤在一间又破又小的茅草房里过着贫寒的日子，但对于已经有了两个姐姐的男孩带给家庭的欣喜是可想而知的。对于贫苦的农民之家来说，生了男丁不仅仅是承续了香火，更是家里的一根顶梁柱，是家族的希望。

父亲请最有学问的族长给儿子起了一

个响亮又好听的名字：润堡子。并用半生负重劳作、省吃俭用的积攒，送他读了一年私塾，把全部的希望寄托在了儿子身上。马宝玉从小就受到了全家人

△ 马宝玉

的疼爱，他给这个贫困的家庭带来了欢乐和希望。不料天有不测风云，马宝玉13岁那年，突如其来的不幸接踵而来，父亲由于多年积劳成疾，人到中年便患了重病，早早地离开了这个以他为靠山的家庭。两年后，他的母亲由于常年心情忧虑悲伤和不堪生活的重负，也患上重病离开了人世。为了办丧事，年过花甲的爷爷强忍着悲痛先后卖掉了家里的骡子、车和全家赖以生存的几亩好地。

接连遭遇的不幸，使家里的境遇每况愈下，生活过得非常艰难。可屋漏偏逢连夜雨，

在马宝玉 15 岁那年，72 岁的爷爷在饥寒交迫中去世。家里什么都没有了，只好又卖掉了剩下的几亩土地，给爷爷办了丧事。家里只剩下奶奶和他六个兄弟姐妹度日，老的老，小的小，家里经常缺吃少穿，艰难度日。为了养活他与妹妹和小弟，奶奶一狠心将两个姐姐和一个妹妹送给人家当童养媳。

姐姐和妹妹被领走那天，全家人搂抱在一起哭作一团，那撕心裂肺的哭喊声，像一把锋利的尖刀刺在了马宝玉的心脏。他虽然从小受到家里人的宠爱，但燕赵大地这块沃土却培养了他刚烈的风骨。苦难的磨炼以及悲惨的命运，培育了他不屈的性格和远大的志向。他在心里暗暗地发誓：我现在是家里的顶梁柱，一定要担负起养活全家的重担，出去挣多多的钱，把姐姐妹妹全都赎回来。

从此，马宝玉便带着 9 岁的弟弟翻山越岭，走村串巷，开始了流浪的生涯。他和弟弟四处找零活干，放羊、喂猪、跑腿……即使这样，也经常找不到活干。他和弟弟只能四处要饭吃。要少了他就让弟弟先吃，自己饿着肚子。

风雨和磨难中长大的马宝玉更加机智灵活，体魄也越来越强壮。这时他找到了一份在宜化县深井村一家糕点店当学徒的差事，总算安定一些，并能挣一点钱养活奶奶和妹妹。可是半年后，日本鬼子占领了深井。学徒又干不成了，马宝玉便返回了下元皂村。

→ 苦水里泡大的孩子

★★★★★

1917年8月，河北保定西南部山区一个贫穷的小山村——曲阳县党城乡喜峪村，一个苦命的孩子诞生了，他就是葛振林。

葛振林 7 岁的时候，他的妈妈由于劳累过度得了重病，家里无钱医治，不久就离开了她最牵挂的儿子去世了。从此葛振林成了一个要自己养活自己的苦孩子。小小的他干不了别的，就和村上一些稍大点儿的孩子一起上山去割草。山上的草又高又密，矮小的葛振林蹲在里头被草遮盖得严严实实，常常憋得他透不过气来。割一会儿草，拿镰刀的胳膊又酸又痛，手也被草勒出一道道血印子。有时累得他实在拿不动镰刀了，他就把手和镰刀绑在一起继续割草。常常是草没割下来，却割坏了脚，割坏了腿，割坏了手。鲜血流出来染红了身边的草，小小的葛振林又疼又怕，坐在地上放声大哭。哭他死去的妈妈，哭他自己那悲惨的童年。就这样辛辛苦苦打下来的草，还要捆成捆，还要用他那又瘦又小的身躯背到山外去卖，才能够卖到五分钱，买到一个小馒头。要是碰上了阴雨天或割的草无人买，他就只能靠讨人家的残羹剩饭填饱肚子。

曲阳县是个盛产石头的地方，当地有许多石匠用石头精心雕刻各种工艺品卖给有钱人欣赏把玩，便有了靠给石匠背石头谋生的一群人。渐渐长大的葛振林光靠割草已经填不饱肚子了，于是在亲戚的指点下去背石头。小小的葛振林，身子骨还没有长成，又大又沉的石头背在肩上，着实有些吃力。有一次他背石头的时候，由于用力不稳滚下了山坡。这次摔得可是不轻，他躺下十多天都没有起来。幸亏一位好心的大叔收留并照顾了他，帮他养好了伤。

看到这孩子太可怜了，这位大叔劝他不要背石头了，说这样会伤了身子骨落下病根的。可倔强的葛振林不服输，他说："别人能背，我就能背，我一定能挺住。"

看他这样顽强，大叔就对他说："你真是一个有骨气的孩子，但是背石头永无出头之日。不如你和我一起出去闯一闯，咱俩去煤窑背煤吧，工钱能比这挣得多。"于是葛振林就跟着大叔下了煤窑，当了四年"煤黑子"。

那时的煤窑设施非常简陋，煤矿老板只顾赚钱，全然不顾矿工的安全。"煤黑子"每天上下背煤都是出生入死，犹如与阎王爷打交道。就是这样，所挣的钱也是屈指可数。再加上工头、窑头的层层盘剥，最后拿到手的钱已经所剩无几了。葛振林恨透了当时那个不合理的、人吃人的社会，恨不得有一天能够砸碎这一切不合理的制度。

→ 悲惨的童工

☆☆☆☆☆

1918 年宋学义出生在河南省沁阳县王曲乡北孔村一个贫苦的雇农家庭里。家中除租种几亩薄田外，祖父和父亲常年给地主当长工，一年到头累死累活打下的粮食还不够给地主交租子。宋家几代人生活在社会最底层，过着牛马不如的生活。

沁阳县王曲乡是太行山区的余脉，北孔村又紧靠沁河，地势低洼。每到雨季，山洪暴发，沁河常常泛滥成灾。田地被淹，农民辛辛苦苦种的庄稼全泡在水里，颗粒无收。宋学义全家只有靠筛下来的秕谷和糠壳掺着野菜度日，生活真是苦不堪言。正可谓：耕者役役，无隔夜之粮。宋学义从小就过着吃不饱穿不暖的日子，遇上大灾之年，就只有背井离乡，逃荒要饭。

宋学义七八岁那年，家乡又遇上了灾荒，全家已经好几天揭不开锅了。饥饿难耐的他在一个北风呼啸的冬天的早晨出去讨饭，附近的穷人家自己都是吃了上顿没下顿，他去了一个大地主家要饭，地主家的大黄狗突然跑

▽ 宋学义故居

出来"汪汪"叫着并向他扑来，小学义吓得撒腿就跑，可他哪里是大黄狗的对手，不光碗掉地上摔碎了，腿也让狗咬了一大口，鲜血直流。回到家后母亲看到了，母子俩抱头痛哭，父亲也难过地直叹气。万般无奈之下，父亲决定让他未成年的哥哥到太行山挑担挣钱，此后就长年累月地跑太行以担挑为生。

有了上次被狗咬的经历后，父亲为了不再让他去讨饭，就送他到沁阳县城的一家面铺蹬大箩，童工生涯就此开始了。宋学义每天在面铺里和大人干着一样的活，小小的年纪加上超负荷的劳作，每天把他累得筋疲力尽。但更让人煎熬难耐的是对妈妈和家里亲人的思念。有一天他实在忍不住了，就瞒着掌柜和师傅偷偷跑回了家中。一进家门，全家人看到他又惊又喜，纷纷围着他问寒问暖，高兴得不行。可是当父亲得知他是背着掌柜和师傅偷跑回来的，气了个半死，当时狠狠地把他揍了一顿。

第二天，父亲带着他托了亲戚来到面铺亲自向掌柜赔罪，说："大掌柜，这孩子不懂规矩，你就原谅他这一次吧，下次一定不敢了。"

大掌柜说："这孩子还小，干不了这活的，你还是领回去吧。"

学义的父亲一听急忙跪在了地上，冲着掌柜说："求求您收下他吧，只要有口饭吃就行！"

亲戚在一旁也一直不停地说着好话，面铺掌柜才勉强留下了宋学义。

兵荒马乱，沁河泛滥，多灾多难如影随形地伴随着宋学义的一家。祖父在贫困交加中离开了人世，为了埋葬祖父，家里借了高利贷。1937年，利滚利的高利贷终于把这个家庭压垮了。由于无法还清地主40元的高利贷，家里仅有的二亩保命田被地主趁机夺走了，从此以后，家里失去了生活来源。

这时，日本鬼子进犯中原，国民党军向南败退，河南成了日寇案板上的肉。就在1938年春天，宋学义年幼的妹妹光天化日之下被地主家抢走顶了地租，弟弟在逃难中遇见了日本鬼子，被鬼子一刀捅死，无情的灾难打倒了勤劳本分的父母，从此他们一病不起，不久便双双离开人世。埋葬了双亲，哥哥跟人下了煤窑，宋学义含泪离开家乡，开始四处流浪。

➡ 流离失所两丐童

★★★★★

　　河北省容城县平王乡郭村是个土地肥沃的小村庄，那里盛产粮食和棉花。胡福才、胡德林两人都出生在那里，他们是叔侄俩。叔叔胡福才，1913 年 10 月出生，侄子胡德林，1917 年 7 月出生。按理说那里应该是个好生存的地方，但天下乌鸦一般黑，村里的好地都被地主老财霸着，穷人依然过着暗无天日的生活。

　　胡福才出生在一个雇农家庭里，家里租种了地主家的二亩土地，全家每天起五更爬半夜辛勤耕耘着这片土地，希望能换来全家衣食无忧。可是兵荒马乱的年代里，在国民党和地主的层层盘剥下，每年打完粮食被地主老财克扣后就所剩无几了。胡福才家里常常揭不开锅，他就与伙伴一起上山去采山核桃、野果子之类，拿到城里卖点儿钱，换回点儿粮食度过饥荒。饥一顿饱一顿的生活造成胡福才严重营养不良，他的头发又黄又稀，离远一看就跟秃子一样，村里的人就都叫他"胡小秃"。渐渐地没有人再叫他名字，"胡小秃"这个有些凄凉的名字一直伴随着他，直到他参加了八路军才又叫回胡福才。

胡德林比胡福才小四岁，他的命运更是坎坷不平。胡德林的父亲从小就给地主扛长活，面朝黄土背朝天起早贪黑地种田，却常常吃不饱饭，经常是有了上顿没下顿，年纪轻轻就劳累过度久患成疾。穷人有病不仅无钱医治，还要每天下地给地主干活。在地主的欺凌和压迫下，他父亲的病情越来越重，终于在胡德林五六岁的时候卧床不起了。父亲再也干不了活了，家里的生活就更加艰难。妈妈为了给父亲看病卖光了家里一切能卖的东西，就连娘家唯一的陪嫁——妈妈每天爱不释手的一对手镯，也拿到当铺换钱去抓了药。胡德林从小就懂事地帮助妈妈每天到药铺去给爸爸抓药。

母子俩的全部付出并没有换回老天爷的怜悯，一切希望最终都落了空。胡德林爸爸久病的身体还是熬不下去了，在一个北风呼啸的寒冬腊月里，他撇下了可怜的妻子和年幼的孩子，带着深深的不安和担忧离开了人世。村里人看着这对无依无靠的母子，都担心她们如何生存下去。于是有好心人牵线，帮他妈妈找了一户同意她带着孩子改嫁的人家。胡德林的妈妈抱着小德林放声痛哭，她说："咱们娘俩儿一起饿死算了，妈妈不想改嫁呀！"胡德林也被吓得在一旁直哭。娘俩儿哭过后，妈妈看着年幼的孩子，怎么也舍不得儿子这么小就整天挨饿。在好心人的再三劝说下，她终于同意改嫁，嫁给了本县李朗村的安家，胡德林也从此改名安小尚。这个名字伴随了他的童年和少年，直到要参加八路军了才改回了原名。

胡德林的继父是一个很老实也很能干的人，他靠着辛勤劳作置得了二亩靠近河边的好地。年成好的话一年忙活到头倒也能填饱肚子，可要遇上灾害之年，生活就没有了保障，全靠借贷过日子。六七岁的胡德林到了继父家就随继父一起下地干活，小小的年纪学会了全套的农活。本以为一家人凭着勤劳的双手可以过上安定的生活，可在那吃人的旧社会哪里也没有穷人的活路啊！

胡德林继父的二亩好地，靠近本村一个有钱有势的大户人家的地。那大户为富不仁，对他的那块好地起了觊觎之心。先是要买他的地，不行又要拿二亩山地换一亩好地。胡德林的继父生性耿直，更何况那二亩地是他赖以生存的本钱，于是他一口回绝了那个大户人家。那大户怀恨在心，伺机报复，便勾结官府捏造了一个莫须有的罪名，把他抓到官府，送到山上服苦役，受了一年非人的折磨才被放回来。胡德林的继父回来后连累带气得了一场大病，从那以后再也干不了重活了，家境也从此一落千丈。

胡福才和胡德林是一根藤上结的一对苦瓜，相同的命运把这叔侄俩紧紧连在了一起。他俩经常在一起一边干活一边痛骂那些有钱有势的黑心人和那些无恶不作的贪官污吏们。

有一次，胡福才无意间砸死了一只有钱人家的鸭子，那户人家不依不饶，非说他是故意的，一定要他赔两倍的钱，还扬言要把他送到官府治罪。胡福才不敢回家，就跑到李朗村找到胡德林说："这家咱是不能待了，不如咱俩出去闯闯吧。"胡德林也早有此想法，只是苦于年龄太小，自己不敢出去。两人一拍即合，当下收拾行李告别亲友，直奔县城而去。

我要去当兵

(1937—1941)

大智大勇马宝玉

★★★★★

1937 年 7 月 7 日，日本挑起卢沟桥事变，发动了侵华战争，抗日战争全面爆发，日本侵略者的铁蹄肆意践踏在华北大地上。马宝玉看到日本鬼子凶狠残暴，四处烧杀掳掠，汉奸走狗一边向其主子摇尾乞怜，一边横行乡里，鱼肉百姓，心里燃起了熊熊怒火，恨不得马上拿起枪，杀死那些把穷人逼迫到水深火热生活之中的鬼子和汉奸。

1937 年 10 月 26 日，聂荣臻率领的八路军一一五师杨成武独立团在取得平型关大捷后乘胜北上，光复蔚县全境。鬼子和汉奸被打跑了，根据地人民抗日情绪高涨，青壮年踊跃报名参加八路军，独立团不断发展壮大。正在四处寻找八路军的马宝玉，在西合营镇随本县四千多名热血青年一起报名参加了革命队伍，成为一名光荣的八路军战士。

马宝玉终于实现了他的理想。为了穷人翻身得解放，他含泪告别了亲人，参加了八路军。参军后，他被分到八路军晋察冀军区第一军分区一团二营七连六班当战士。昔日的"叫花子"，今天成了威武的军人。穿着那崭新的灰布军装，戴着漂亮的军帽，脚上是千层底的圆口布鞋，腰间系上带着闪闪发亮铜扣的腰带。走在蔚县的大街小巷上，马宝玉神气极了。一股强烈的责任感与自豪感油然而生。他暗暗发誓：一定要苦练杀敌本领，坚决把鬼子打跑，让天下的穷苦人民都过上好日子！

参军后的马宝玉在党组织的培养教育下，逐渐懂得了"为谁扛枪"、"为谁打仗"的革命道理。他更加刻苦地学习战略战术，苦练杀敌本领。每一次训练中他都使出全身的力气，他的队列、刺杀、投弹、射击项项过硬，很快就成了全班的军事尖子。1938 年 9 月，马宝玉在阻击日军进攻的战斗中勇猛杀敌，受到了上级表扬。1939 年马宝玉光荣地加入了中国共产党，同时被任命为七连六班班长。从此他更加严于律己，阶级觉悟不断提高，革命斗志更加旺盛。

1939 年秋末的一天，连长派马宝玉去易县执行一项特殊任务。回来的途中，迎面碰上了两个日本鬼子，躲闪已经来不及了，灵活机智的马宝玉没等鬼子反应过来，一个手榴弹投掷过去，当场炸死了一个鬼子，并趁着爆炸的烟雾跳下水沟就跑。另一个鬼子气急败坏，在后面紧追不舍还不停地射击。在翻过一个土岭时，敌人的一颗子弹正巧打在了马宝玉的左腿上，他一头栽下了坡岭。

这时，一位素不相识的大娘和她的孙子正在坡岭下割草，大娘见状慌忙叫她的孙子："桂子，快跑，把鬼子引开！"并用草把马宝玉盖上。

引走鬼子后，大娘急忙把马宝玉背到一个山洞里，撕了褂襟给他包扎好伤口。过了一会儿，桂子靠着沟多地熟机敏地甩掉了鬼子，平安地回来了，马宝玉那颗悬着的心才算放了下来。

从那以后，马宝玉对乡亲们的阶级感情更加深厚了，他觉得有报不完的恩情。平时，只要是对乡亲们、对八路军有利的事情，他啥都抢着干。他工作积极，作战勇敢，浑身上下总有股使不完的劲儿，深得战士和乡亲们的喜爱。

1940 年，晋察冀第一军分区一团参加北岳区"反扫荡"，部队转移到了蔚县桑干河畔，到了马宝玉的家乡。已经三年没回家的马宝玉非常惦念家里的亲人，于是得到连长和指导员的批准，马宝玉决定回家看看奶奶、妹妹和弟弟。

近乡情更怯。想到马上要见到久别的亲人，马宝玉心里又是高兴又是激动，他一边哼唱着在部队新学会的歌曲，一边不由自主地加快了步伐，赶往亲人所在地下元皂村。当走到离村子不远的小山头时，他突然看到

▽ "狼牙山五壮士"幸存者葛振林（右）和宋学义（左）。

了正在树林里躲藏的本村村民锁柱，他急忙喊道：

"锁柱，快出来，你怎么在这里，家里咋样了？"

锁柱见是马宝玉，急忙跑出来对他说："两天前鬼子带着汉奸来咱村'扫荡'，烧房子，抢东西，还让汉奸领着挨家挨户搜查'抗属'，村里人死的死，逃的逃……"

马宝玉拽起锁柱就往下元皂村跑，村里到处充满了血腥气。好多房屋冒着青烟，村口、井边、碾盘旁横七竖八躺着惨死的乡亲，地上残存着斑斑血迹。马宝玉心急如焚地跑进家门，一幕惨状映入眼帘：门板被摘走了，树被砍光了，撕烂的衣服、摔碎的盆罐撒满了院子。奶奶躺在屋地上，任凭马宝玉怎样喊叫也无法再睁开她那慈善的双眼；9岁的妹妹被刺刀刺死；12岁的弟弟也死在锅台边。马宝玉一口鲜血呼地涌了上来，两眼一黑，昏倒在地上。当他醒过来时，乡亲们都围在了他的身边，他站起身来，逐一给乡亲们磕了头，把亲人们埋在了院子里，然后就追赶部队去了。

悲惨的遭遇让马宝玉时时刻刻不忘家仇，灭绝人性的日本鬼子的暴行更让他时刻牢记国恨，他把家仇置于国恨之中，怀着对日本鬼子的刻骨仇恨，更加努力地训练，更加英勇地杀敌。他那一把铁锹夺得鬼子一只"三八大盖儿枪"的传奇故事，在部队里无人不知、无人不晓。

那是在易县阜西庄的一次伏击战中，一个鬼子小分队被我军打了伏击，敌人被我军逼到一堵坍塌的墙头下，仍在负隅顽抗，不停地向我军射击。在机枪的掩护下，战士们发起了进攻，与敌人进行短兵相接。马宝玉瞅准时机操起一把铁锹冲了上去，一锹把敌人劈死，夺下了鬼子的"大盖儿枪"与敌人拼杀，那次战斗他一人消灭了五个鬼子，受到了团首长的表扬和嘉奖。

马宝玉先后参加了著名的东西庄战役、黄土岭战役、挺进冀中的战役和破袭正太铁路的百团大战等战斗。在战斗中，他不仅作战勇敢，而且有勇有谋，枪法好，常常都是弹无虚发，多次立功受奖。连长十分欣赏马宝玉的胆识以及不怕苦不怕死的拼命精神，每次遇到了难啃的"硬骨头"，都要交给他来完成。

→ 孤胆英雄葛振林

★★★★★

1937年10月在中国共产党的领导下，我八路军开辟了晋察冀抗日革命根据地，第三军区分区主力部队来到曲阳，广大官兵深入敌后广泛发展群众运动，一边抗日，一边开展减租减息，使农民翻身得解放，真正当家做主人。

葛振林的家人和亲邻很多人在七七事变后不久都被鬼子杀害了，家里的房屋也被烧毁了，甚至周围数十里的村庄都被鬼子洗劫殆尽，他成了无家可归的人。怀着对日本鬼子的深仇大恨，怀着为亲人报仇的决心，葛振林积极参加革命活动，很快就成了村里抗日的骨干。他参加了民兵队，扛起了枪，机智勇敢地打鬼子，除汉奸，配合主力部队作战。在工作中他认真细致，英勇善战，敢于攻坚克难，并且他对工作有着一股使不完的劲儿，很快就担任了民兵队队长。

　　葛振林无论是执行任务还是配合作战，都有着一丝不苟的态度和不怕危险的精神。1937 年底，他带着几个民兵混进曲阳城，刺探鬼子的情报。正赶上城里的鬼子放假休息，他们喝酒的喝酒，逛庙会的逛庙会，平时戒备森严的营地也比以往清静了许多。葛振林灵机一动，一个大胆的计划在他的脑海里产生了，他决定深入虎穴，探得鬼子的第一手真实情况。于是他找来了一副水桶，挑着两担水来到平时一般人难以接近的北大营营门口，门口两个拿着刺刀的鬼子正在站岗，看到他老远就喊道：

　　"你的……什么的干活？"

　　"我的良民的干活，我给太君送水的干活。"葛振林一边镇静地说着，一边满脸堆笑地走了过去。

　　鬼子搜遍了他的全身也没发现什么可疑的东西，正要对他进行进一步盘问时，葛振林忙从里怀里掏出一包香烟，给鬼子一人一支点上，又讨好地把那包香烟塞到一个鬼子的衣兜里。两个鬼子很高兴地说："吆西，你的，良民大大的，对皇军忠心大大的，过去吧。"

　　葛振林进了营门之后故意放慢了脚步，假装寻找伙房，眼睛却不停地四处观察，把敌人的部署、位置、兵力等情况，牢牢记在心里。进了伙房葛振林不慌不忙把水倒进水缸，四处观察，发现伙房后面的马厩里没有岗哨，就悄悄地溜了进去。他看到这是一个拴着几十匹大洋马的马厩，每个大洋马都跟它吸满了中国人鲜血的主子一样，个个膘肥体壮。马厩里外都堆着草料和树枝，旁边还有像是仓库的两间大房子。葛振林眼珠一转，计上心来。他掏出洋火在隐蔽处点燃了一堆草垛，然后挑着水桶若无其事地向营门走去。刚走出营门口，他回头一看，一股浓烟从马厩棚顶冒出。霎时，熊熊火苗就跟着冒了出来，身后营房里顿时火烧草垛的噼啪声、警笛声、马叫声、鬼子惊慌失措的喊叫声响成一片。葛振林紧走几步拐过墙角，扔下水桶撒腿就跑。

葛振林放的这把火烧死了鬼子十几匹军马，另外几十匹军马也都受了伤，同时还烧掉了鬼子的一批军用物资。更让人振奋的是鬼子被吓破了胆，以为八路军的大部队已经到了城里，他们胆战心惊地加强了防守，甚至还为此放弃了一次对我军周围根据地的一次"围剿"。葛振林英雄虎胆，他的事迹瞬间传遍了根据地，区里领导表扬了他并授予他"模范民兵队长"的光荣称号。

1939 年，日寇加紧了对我根据地军民的"清剿"和"扫荡"，八路军和游击队奋起反击，狠狠打击了日本侵略者。可面对敌人的洋枪洋炮，武器落后的我军也遭受了巨大损失，很多战士为国捐躯。为了把日本帝国主义彻底赶出中国，我军决定补充兵源。晋察冀军区第三分区地方工作团来到了革命根据地曲阳县，展开了轰轰烈烈的征兵工作，动员群众参军参战。

在"好男儿上前线保家卫国"的号召下，葛振林热血沸腾，他立志一定要上最前线，拿起刀枪打鬼子，做一名响当当的抗日英雄。葛振林报名参了军，可区里领导怎么舍得放他走？但谁也没有劝动他，他坚决参加了主力部队，被分到了八路军三分区新兵营。1940年春，军区整编，他又被补充到八路军独立师一团二营七连。

葛振林参加八路军后，在革命大熔炉里锻炼得更加成熟，更加勇敢，也更加坚毅。在战斗中，他不怕牺牲，勇往直前，多次立功受奖，体现了一个优秀八路军战士的大无畏精神。一年后，葛振林被任命为"钢铁七连尖刀班"也就是七连二排六班的副班长。1940年2月又光荣地加入了中国共产党，成为一名真正的共产主义战士，当举起拳头在党旗下宣誓时，他情不自禁地留下了激动的泪水。

→ 突击队员宋学义

★★★★★

宋学义背井离乡，四处要饭，尝尽了人间的酸甜苦辣，受够了鬼子汉奸的欺压凌辱。1939 年夏天，宋学义流浪到济源王屋山。连续几天都没吃上一顿饱饭了，他又饿又热，摇摇晃晃地走在街上。他敲开一户人家的大门正要讨口饭吃，忽然看见前面走过来一支队伍，宋学义吓得撒腿就要跑。旁边的老乡一把拉住他，笑着对他说："小伙子，别害怕! 这是我们穷人自己的队伍，是专门打鬼子的。"

原来这正是抗日游击队沁河支队，他们采取游击战术，打一枪换一个地方，扰乱鬼子的作战计划，牵制鬼子的兵力，打完就跑，使鬼子焦头烂额，疲于奔命，狼狈不堪。宋学义见状，急忙拉住队长，坚决要求参加游击队，要扛起枪上前线打日本鬼子。队长见他态度坚决，又苦大仇深，就把他留了下来。后来，沁河支队被整编为八路军主力部队，转战到晋察冀抗日革命根据地，宋学义被编入晋察冀第一军分区一团七连二排六班。经过部队的培养和教育以及战争的洗礼与锻炼，他的思想与觉悟都得到了很大的提高，对敌作战本领也与日俱增，终于成了一名合格的八路军战士，扛起了枪，走上了抗日救国的道路。

　　1940 年初，一团七连六班跟随部队，参加反击国民党第九十七军军长朱怀冰对抗日根据地的进攻，宋学义就是在这次战斗中被收编为八路军的。同年秋，他跟随部队在平汉路东运粮战斗中负责架设桥梁，为部队和民兵运粮队伍开设了通路。就是在这次战斗中，宋学义深深体会到什么是军民鱼水情，也更加感受到八路军是老百姓自己的队伍，老百姓是八路军生存的依靠。

　　那一年，狼牙山一带大旱，当地农民辛辛苦苦劳作一年，想尽了办法，到年底粮食还是减了产。年景不好，粮食歉收，老百姓的生活更加困难。宋学义所在部队正驻扎在狼牙山地区，人员多，粮食少，吃饭成了问题。战士们每天吃不饱饭，训练都硬撑着精神头，更别提行军打仗了。冀中的党组织和老百姓知道了这种情况后，马上组织了"路东送粮队"。乡亲们有的赶着大马车，有的推着独轮车，还有的挑着扁担，穿越平汉铁路线，一夜走了一百多里路，把粮食送到山里的部队。狡猾的日本鬼子想用饥饿拖垮狼牙山的八路军，布置兵力严密封锁平汉铁路沿线，对给八路军运送粮食的老百姓更是疯狂地残杀。可得道者多助，这场正义之战必将得到广大人民的支持。魔高一尺，道高一丈。面对敌人的凶狠残暴，勇敢机智的乡亲们肩挑人扛，趁着巡逻鬼子的空隙，分散穿越铁路，把粮食硬是背到山里的部队。狼牙山根据地的百姓自己省吃俭用，宁可自己饿肚子，也要把粮食省下来给战士们吃。

　　宋学义在这样一支队伍里，经常被许许多多的事情感动着。从司令员、团长直到战士，穿的是一样的粗布军服，吃的是一样的小米

△ 百团大战

饭南瓜汤。打起仗来，八路军的首长们跟战士一起冲锋陷阵、奋勇杀敌，没有一丝一毫的退缩。官兵互相关心，互相爱护，亲如兄弟。八路军的部队受到了当地老百姓的爱戴和拥护，每次打仗，乡亲们都是送水送饭，帮助抢救伤员。紧急关头，不顾生命危险，宁可牺牲自己的亲人，也要保护八路军战士的安全。在人民的汪洋大海之中，日寇经常是腹背受敌，四面楚歌，狼狈不堪。他们的不义之战，注定了必将灭亡的下场。

1940 年下半年，宋学义参加了著名的百团大战。这是八路军与日军在中国华北地区发生的一次规模最大、持续时间最长的带有战略性进攻的战役。在这次战役中，中国共产党领导的华北敌后抗日军民，齐心协力，前赴后继，同日本侵略者浴血奋战，充分表现了中华民族不屈不挠的战斗精神。百团大战

△ 百团大战示意图

严重地破坏了日军在华北的主要交通线，收复了被日军占领的部分地区，粉碎了日军的"囚笼政策"，给了侵华日军以强有力的打击，推迟了日军的南进步伐，进一步鼓舞和增强了全国人民夺取抗战胜利的信心。百团大战是抗战时期中国军队主动出击日军的一次最大规模的战役，他打出了敌后抗日军民的声威，在中国抗日战争史上写下了光辉的一页。宋学义在百团大战第二阶段攻克涞源的战斗中，报名当上了突击队员。革命大熔炉的锻炼使他的思想更加成熟，意志更加坚定，杀敌本领也越来越强。他同六班的战士们一起冲锋陷阵，屡建奇功，多次受到团里的嘉奖。

→ 上阵叔侄兵

★★★★★

    抗日战争爆发后，日本鬼子占领了容城，他们四处烧杀掳掠，奸淫妇女，无恶不作。城里的达官贵人、商人以及老百姓能躲的躲，能藏的藏。胡福才与胡德林待在被洗劫一空的县城里，找不到活干，每天东躲西藏，饥一顿饱一顿地过着难挨的日子。日寇实行"强化治安"和"奴化"政策，肆意屠杀手无寸铁的百姓，中国人民陷入了国破家亡的境地。爱憎分明的胡福才叔侄俩看在眼里，恨在心上，他俩看着城门楼上的"膏药旗"，一起商量：找一个打鬼子的队伍，整死这些横行霸道的龟孙子们!

1938年4月初,八路军独立一师一团东进支队,为了配合宋时轮、邓华的独立支队挺进冀东,跃过平汉铁路,开辟冀东根据地,组织老百姓建立地方抗日政权,准备在容城狠狠地打击日寇。容城是东进支队进入冀中的大门,也是东进之后的第一仗。日本鬼子负隅顽抗,八路军战士奋勇杀敌,战斗进行得十分惨烈。当八路军突然出现在容城下时,胡福才、胡德林欣喜万分。他俩兴冲冲地赶到城外,八路军正在攻打容城,他俩二话不说,急忙帮着八路军运弹药、抬伤员、送水送饭。经过一天一夜的浴血奋战,八路军终于攻下了容城。鬼子死伤惨重,剩下的残兵败将一看大势已去,只好弃城逃跑。

胡福才、胡德林围着八路军忙前跑后,又自告奋勇地推着小车帮着运送战利品。部队领导表扬了他俩任务完成得好。他俩当时就急了,拉住领导说:"我俩早已没家了,我们要参加八路军,杀死那些日本鬼子。"部队首长看他俩苦大仇深又态度坚决,就把他俩留下了,一人发了一身军装,一支"三八大盖儿枪"。胡福才、胡德林叔侄俩分到了新兵连同一个班,班长就是令敌人闻风丧胆的一把铁锹夺得鬼子一支"三八大盖儿枪"英雄马宝玉。马宝玉把他俩当做亲兄弟,不仅在生活上关心照顾，思想上耐心细致，而且在训练中还手把手地教他俩射击，教他俩战术。两个饱受苦难的汉子，身体比别人更要结实，意志比别人更加坚定，作战比别人还要敢打敢拼。

胡福才、胡德林叔侄俩先后参加了攻打容城、保卫阜平、激战大龙华、转战雁宿崖、威慑黄土岭等多次战斗。这叔侄俩每次战斗都冲在前头，打起仗来勇敢顽强，多次得到连、营、团的嘉奖。在保卫阜平的战斗中，穷凶极恶的日本鬼子施放瓦斯毒气，胡福才、胡德林都中毒昏迷了过去，被战友用担架抬了下去。他俩苏醒后看见战友们还在战斗，二话不说，爬起来又冲上了火线。

在这著名的八路军"红一团"和"英雄七连"中，六班的战士们每次作战都精神饱满，斗志昂扬。他们在马宝玉、葛振林的带领下出生入死，完成了一个又一个艰巨的任务，攻克了一个又一个顽固的堡垒。出征前，马宝玉总是用他那洪亮的声音点着战士们的名字，然后唱着那首最能鼓舞六班战士斗志的《八路军军歌》：

铁流两万五千里，直向着一个坚定的
地方！

苦斗十年，锻炼成一支不可战胜的力
量。

一旦强虏寇边疆，慷慨悲歌奔战场。

首战平型关，威名天下扬，

首战平型关，威名天下扬，嘿！

游击战，敌后方，铲除伪政权。

游击战，敌后方，坚持反扫荡。

钢刀插在敌胸膛，钢刀插在敌胸膛，

巍峨长白山，滔滔鸭绿江。誓复失地
逐强梁。

争民族独立，求人类解放，

这神圣的重大责任，都担当在我们双
肩……

英勇去杀敌

(1937—1941)

→ 北岳狼牙耸

★★★★★

　　狼牙山坐落在河北省易县西部的太行山东麓，距县城 45 公里，奇峰林立，参差不齐，峥嵘险峻，直插云霄。由于它峰峦状若狼牙而得名。

　　狼牙山是一座美丽的山，它共有五坨三十六峰，面积 225 平方公里，主峰莲花瓣海拔 1105 米，东西走向五十余公里，南北走向三十余公里。西、北两面峭壁千仞，犹如刀劈斧凿一般。东、南两面略为低缓，各有一条羊肠小道通往主峰。登高远眺，突兀连绵，可见千峰万岭如大海中的波涛，起伏跌宕。近望西侧，石林耸立，自然天成，大小莲花峰如出水芙蓉，傲然怒放，涧峡云雾缥缈，神奇莫测。

在通往狼牙山主峰棋盘坨峰顶的一处悬崖旁，有一块天然形成酷似棋盘的岩石。岩石平滑整齐，大约三尺见方，石面纹理纵横，清晰可见。传说孙膑与他的师傅鬼谷子常在此对弈，两人一边以布棋为乐，一边研究兵法战术。从山间的南石口到棋盘坨唯一的"路"，是巨石累累、荆棘丛生的一个陡

▽ 狼牙山主峰棋盘坨碑

崖。往上攀岩不仅要手脚并用，而且稍不留神就会滚下悬崖，坠入万丈深渊之中。尤其在经过"阎王鼻子"、"小鬼儿脸"等险要之处，则需要紧贴岩壁，一步一步挪动过去。从棋盘坨峭岩上向下俯视，万丈深涧，悬崖峭壁，犹如刀斫斧砍一般。东面和北面的山涧略缓一些，唯有西面的山涧深不可测、幽幽森森、令人惊魂，山谷虽有一些荆棘小树，但人掉下去一定会粉身碎骨，必死无疑。

褡裢坨山势极为陡峭，但半山腰却有一块平地，过去曾建有庙宇，名曰"老君堂"，后来被毁于动乱年代。殿后是天然溶洞，名为"仙人洞"，洞深十余米，宽五米。洞内有一处山泉，常年泉水流淌不断，清凉甘冽，传说是太上老君在此修行炼丹的地方。

蚕姑坨，又名姑姑坨，是狼牙山五坨之最，风景优美，山势险峻。山上修建了许多庙宇，最有名的是其半山腰的灵峰院，俗称尼姑圣母院，现称蚕姑圣母院。有佛殿二十余间，殿宇楼阁历经千载仍保持完好。据碑文记载，灵峰院历史悠久，为五代时所建，一直香火旺盛。此后历代都对它进行过修茸，堪称为一座"千年古刹"。

狼牙山又是一座英雄的山。早在两千多年前的战国时期，"狼山竞秀"就是当时燕国十景之一。燕国太子丹曾在这里送别去刺秦王的壮士荆轲。"风萧萧兮易水寒，壮士一去兮不复还！"透过易水平静而又激昂的历史波涛，仿佛还能听得到古老的歌谣那慷慨悲怆的余音。而在两千年后的狼牙山，又因为八路军五壮士英勇抗击日寇，浴血奋战后舍身跳崖而闻名于世。

狼牙山是晋察冀边区的东大门，自古以来就有着极其重要的军事地理位置。狼牙山

狼牙山五壮士

根据地是晋察冀抗日革命根据地的重要组成部分，是抗日根据地的武器装备库，山上存放着我军大量枪支弹药、衣服被褥和粮食等重要物资，也一直是敌人进攻的重点。"狼牙山五壮士"的英雄事迹使狼牙山闻名于中外，大江南北到处传颂着狼牙山五壮士的光辉事迹，英雄的战歌久唱不衰。狼牙山五壮士的民族气节令千百万热血男儿所追随，激励着无数中华儿女前赴后继、奋勇向前！

→ 惨绝人寰法西斯

★★★★★

1941 年，全国的抗战形势正处于最艰苦时期的战略相持阶段。日本帝国主义为了尽快解决中国问题，疯狂加紧了对国民党的正面战场和中国共产党的敌后战场的军事打击。从 1941 年春天起，日本决定在过去实施"治安肃正运动"的基础上，对华北敌后抗日根据地实施所谓的"治安强化运动"，日寇对抗日根据地的"扫荡"次数越来越频繁，兵力也更加集中。日军妄图以密集的"扫荡"和灭绝人性的"三光政策"，结合大规模的"蚕食"、"清乡"等治安强化运动，以达到摧毁抗日根据地的目的。他们还挖空心思地想出"分进合击"、"铁壁合围"、"纵横扫荡"、"反转电击"、"辗转抉剔"、"捕捉奇袭"、"梳篦式清剿"等一系列"扫荡"招数。

日军每到一处都要派出"放火队"，纵火烧毁屋舍。"搜索队"搜索、挖掘坚壁的物资。"捕捉队"搜山、清乡、捕捉抗日分子。另有"挺进杀人队"，专门袭击八路军指挥机关和其他重要目标。在每一个"扫荡"区域内，日军对抗日根据地的后方建设、对群众的生活、生产资料全部进行抢劫、破坏。对被捕的群众，或强迫去做苦役，或残忍地杀害，实施极其野蛮残暴的"三光政策"。仅 1941 年 8 月，日寇"扫荡"晋察冀北岳区，即烧毁房屋十五万余间，残杀群众四千五百余人，抓走一万七千余人到东北当苦力，抢走粮食五千八百万斤，牲畜一万余头。为了实现日本军国主义吞并中国的狼子野心，连续制造了潘家峪、田岗、东娄山等多起惨绝人寰的大惨案。

河北省丰润县潘家峪，位于燕山山脉腰带山东麓、县城东北60里处。潘家峪村始建于明朝永乐二年，世代繁衍，兴旺发达。惨案发生前，这里是拥有220户人家，1700多人的村庄。村庄群山环抱，溪水长流，满山青松翠柏，坡地果木成林，家家院院葡萄满架，素有"小吐鲁番"之称，是华北典型的美丽富饶的山村。

抗日战争爆发后，被日本侵略者蹂躏与践踏的潘家峪人民从没有屈服过。在中国共产党的领导下，他们始终坚持抗日爱国斗争，较早地发展成为抗日游击根据地，是冀北坚强的抗日堡垒。日军在潘家峪周围设立了许多据点，妄图扑灭这抗日斗争的熊熊烈火，却遭到了当地人民的强烈反抗。日本侵略者恼羞成怒，开始疯狂地加紧对潘家峪进行"扫荡"和"清乡"，欲置之死地而后快。村里的百姓也一直保持着高度的警惕性，全村包括妇女、老人、儿童在内所有人，只有白天回来种地，晚上都住在附近的山里，以躲避日寇的袭击。

1941 年的春节前夕，居住在山上的百姓们生活过得愈加艰难，加上传统节日的来临，人们都盼望着回村过个团圆年。正是这侥幸心理使善良的村民们放松了警觉，一场灾难就要降临在这些被喜庆气氛诱惑着的潘家峪村民的身上。1941 年 1 月 25 日（农历腊月二十八）拂晓，来自唐山、丰润、滦县、迁安、卢龙、遵化等据点的三千多名日伪军，从东北、西北、东南、西南方向，把潘家峪包围得严严实实。日本鬼子枪上膛，刀出鞘，杀气腾腾地闯进正在睡梦中的村庄。他们挨家挨户地搜查、抓人，一连在村里搜了三遍。老弱病残行动不便的，直接用刺刀刺死，剩下一千四百多人来不及逃走的全部赶到村西的一个大坑里。大坑的周围架着机枪，四周站满了荷枪实弹的鬼子兵，乌黑的枪口、雪亮的刺刀，一起对着手无寸铁的村民。

负责此次屠杀行动的日军总指挥——佐佐木高桑，对着村民又是威逼又是利诱，可村民们镇静地紧紧站在一起，任凭他叫嚷了一个早晨，全都默不做声。日寇百般无奈之下，找了几个年轻的姑娘、媳妇和几个年轻力壮的男人去做饭。酒足饭饱之后，兽性大发的日本鬼子把姑娘、媳妇推下白薯窖强奸，把做饭的男人杀死在西场地上，用火焚烧了。接着又在潘家大院布置好杀人现场，用刀枪把村民赶了进去。村民们揣摩着大难就要临头了，一千多人怒吼着，挥舞着拳头和敌人进行殊死搏斗。可手无寸铁的村民哪里是全副武装的法西斯强盗的对手！日寇一窝蜂似的冲进来，看见脑袋就砍，对准胸膛就刺，接着又点燃了洒过煤油的柴草，机枪、步枪子弹像冰雹一样袭来，村民们被浓烟烈火和枪弹淹没了。日军离开宅院时，又遍洒煤油，施放硫磺弹，彻底赶尽杀绝潘家峪的人民。这场血腥大屠杀，潘家峪1230名百姓惨遭杀害，被圈进杀人场而得以逃生的仅276人。

1939年8月12日，又是一个血雨腥风的日子。在大龙华战斗中遭到重创的日本法西斯，纠集了神石庄、梁格庄的侵华日军，对大龙华战斗指挥部的所在地田岗村进行疯狂的野蛮报复行动，制造了骇人听闻的"田岗惨案"。清晨，六百多名日伪军包围了田岗村，把全村五百多名老百姓都赶到戏楼前，鬼子里三层外三层把村民围个严严实实，大人全都捆上胳膊，男人、女人分开关押。到了晚上，挨个拉出去分别审问：谁是八路军？谁是干部？八路军都藏到哪儿去了？老百姓都默不做声，没有一个人开口。

第二天上午，鬼子把一部分男人赶到田岗村西大沟旁，连威逼带诱惑，许诺谁讲出来就免死。村民没有一个屈服的，个个面无惧色，怒目而视。气急败坏的鬼子无计可施，就架起了机枪疯狂地向人群扫射，三十七名手无寸铁的百姓倒在了血泊中。残忍的日寇并没有就此罢休，又把村子里的妇女反锁在一间房子里，在房子周围堆满了干柴，浇上了汽油，点着了火，企图烧死所有的人。屋子里的老百姓拼命撞开钉死的窗户，互相帮助逃出了火海才幸存下来，但全村六百多间民屋及财产全部被鬼子烧光。

从1939年开始，日本法西斯对狼牙山及周边地区的"扫荡"愈演愈烈，凶狠残暴的"三光政策"，制造了一起又一起惊天惨案。1938年1月7日，日寇派汉奸给保定西北的一个小村庄送去一封信，信中说：

"大日本皇军来到尔支那国，替尔剿匪，使尔等过太平日子，尔等理应前来慰劳。今在城内设立'花市'，以供皇军娱乐，尔村应出花姑娘十五个，限三日内交到，倘有年老丑陋者，村长处死！"

于是村子里的妇女就悲惨地成为了法西斯禽兽发泄的对象。每到夜间，日本鬼子挂着战刀，拿着手电挨家挨户搜查，草堆边、牛栏里、房前屋后，他们不放过任何一个角落。日寇的据点里每天都不时地传出妇女的哀号声和日本鬼子淫荡的欢笑声，在这个魔窟里，天天都有杀死的、撞死的、跳楼死的妇女，被抛尸在荒郊野外。

1942年5月2日上午9时许，日寇将菜园、娄山、于家庄等村的村民，包括几个我党政干部家属围堵在狼牙山棋盘坨下的花草峪。面对敌人的威逼恐吓，群众把干部家属围在中间，誓死不说出八路军的伤员藏在哪儿、军粮藏在哪儿、谁是抗日干部、谁是抗日干部家属。鬼子在汉奸的指点下，找出了抗日干部家属，逼问她们八路军和县区干部的下落，她们宁死不屈，痛斥侵略者的恶行。恼羞成怒的鬼子用刺刀杀死了这些干部家属，又接着向手无寸铁的群众大开杀戒，并放火烧村。仅菜园村一个村在花草峪就有三十多人惨死在日寇的屠刀下，一百多人被刺成重伤，村子被烧成了一片废墟，这就是历史上著名的"菜园惨案"。

日本法西斯在中国犯下无数个令人发指的罪行！譬如发生在1943年的"淇村血井"惨案，就是其中典型的一件。

日本鬼子抓住了为保护群众而来不及躲避的锄奸队队长郭凤仙同志，她面对敌人的严刑拷打宁死不屈的态度，激怒了残忍的日本鬼子。日寇把北淇村的村民们赶到井台边，推下一层人，砸上一层石头，又推下一层人，又砸上一层石头……整整推下八层人，砸下了八层石，水井变成了血井！残忍的鬼子还放火烧毁了一百四十多间房屋，使北淇村人民在这次惨案中遭受了巨大的损失。

▷ 日军残酷屠杀中国百姓

还有 1943 年 11 月 5 日至 8 日，日军实施"大搜捕"报复行动，把搜捕到的 110 名八路军伤病员、游击队员和人民群众全部关押在寨头村，进行严刑拷打，刑讯逼供。有被割去鼻子的，有被割下乳房的，有被烧红的铁丝穿透胳臂绑在大树上的，还有身体被日军指挥刀劈成两半的……最后穷凶极恶的鬼子又挖了八个大坑，在逼问群众不果的情况下，挨个用刺刀挑死，推入大坑。被抓的 110 人当中，只有三人被救了出来，其余全部惨死，这就是惨绝人寰的"寨头惨案"。

多行不义必自毙！日本法西斯造下的深层罪孽，必将给自己掘开灭亡的坟墓。当无数美丽的村庄被强盗的大火所烧毁，当无数无辜的群众被强盗的刀枪夺去生命，当无数的肥田沃土被强盗化作一片片焦土，善良的人们意识到：面对暴虐和武力，任何躲避、求饶、卑躬屈膝和引颈受戮都是无济于事的！软弱可欺只能换来更大的伤害！觉醒的人们开始奋起反击，保家卫国。在八路军的带领下，一方面开展广泛的群众抗日游击战，一方面扩大巩固抗日革命根据地的建设，把敌人陷在人民战争的汪洋大海之中，最终打败法西斯侵略者，取得抗日战争的胜利。

➔ 同仇敌忾反"扫荡"

★ ★ ★ ★ ★

百团大战打得日本鬼子心惊胆战，日军开始进行疯狂报复。从 1941 年 3 月起，日军在华北抗日根据地周围修建了大量的据点、碉堡，挖封锁沟、修筑铁路和公路，从根据地边沿地区不断地向腹地推进，妄图步步为营，彻底摧毁抗日根据地，实现日本军国主义者吞并中国的狼子野心。仅两年时间，日军在华北就新建碉堡 7700 多个，挖封锁沟 11860 公里，新建和修复铁路 752 公里，修筑公路 37351 公里。日军的封锁给抗日根据地带来重重困难，很多地区日用必需品几乎断绝，甚至有时候根据地的军民要靠树皮、草根果腹，并且严重削弱了大部队的机动性和进行运动战的条件。

日寇妄图通过频繁的"扫荡"和灭绝人性的"三光政策"，配合严厉的"清乡"和大规模的"蚕食"，来达到消灭抗日力量，巩固其对沦陷区统治的目的。面对敌人疯狂的"清乡"和"扫荡"，晋察冀的军民团结一心，众志成城，怀着一颗诚挚的爱国之心，凭借着大智大勇的英雄气概，在中国共产党的领导下，展开了波澜壮阔的反"扫荡"、反"清乡"的人民抗日战争。与日伪军的血腥屠杀针锋相对，敌后军民创造了一次又一次以少胜多、以弱胜强的战争神话，谱写了一曲曲气壮山河的爱国悲歌！

在中国共产党坚持敌后游击战争的方针指导下，抗日根据地的军民在与敌人战斗的过程中，群策群力，充分发挥广大人民群众的聪明才智，创造出一整套对付敌人的办法。当敌人"扫荡"时，我军派大量人员到各地担任游击队领导任务，与民兵密切配合，以我之分散，对付敌之集中。并通过安全转移人畜、隐藏衣物和粮食以及封闭水源等"空室清野"的办法，让前来"扫荡"的鬼子无饭可吃、无水可饮、无人带路，使之变成饥渴之兵、盲聋之兵。或者八路军的主力部队绕到日军的外线——敌后之敌后，时而拔敌据点、破坏交通、断敌归路；时而择地隐蔽、伺机而动、随机应变，扰乱敌人主力，使之恐慌混乱、疲惫分散，然后趁其不备，以我之集中，对敌之分散，用抗日主力部队加上地方武装力量，迅速集中优势兵力狠狠地打击日伪军，彻底粉碎敌人的"扫荡"。除此之外，还有地雷战、麻雀战、围困战、破袭战等多种神出鬼没的方法，它们不仅高度体现了根据地人民的勇敢和智慧，更主要的是在有效地打击敌人的同时，保护了自己的有生力量。

狼牙山地势险要，易守难攻，是晋察冀边区的东线大门。它不仅有着重要的军事地理位置，还是抗日根据地存放弹药、装备和粮食的仓库。深谙此道的日本鬼子一直把狼牙山抗日革命根据地看作是眼中钉、肉中刺，意欲除之而后快。他们加大了对狼牙山地区"扫荡"的力度，在进剿上采取"远程迂回，铁壁合围"的战术，不惜血本对晋察冀北岳区、狼牙山根据地进行"梳篦式"清剿。

狼牙山是晋察冀军区第一军分区的重要

军事基地，它既是第一军分区党政军领导机关和主力部队的常驻地区，又是根据地军民抗击日寇围剿的好战场。狼牙山根据地的巩固和发展，成为了日寇进攻晋察冀根据地不可逾越的屏障。为了更好地保护这块来之不易的抗日根据地，彻底粉碎敌人的封锁、分割、"蚕食"、"扫荡"，一分区司令员杨成武在狼牙山指挥部召开了紧急会议，研究敌人的作战部署，加紧作好反"扫荡"的准备。

杨成武是一位久负盛名的猛将，是聂荣臻司令员手下的头号战将。在红军长征中，杨成武所在的红四团多次作为先头团，穿越四道封锁线、突破乌江、抢占娄山关、四渡赤水、飞夺泸定桥、突破天险腊子口，打了一系列著名战役。抗战爆发后他担任一一五师独立团团长，这个独立团是晋察冀军区仅有的老八路主力团，是军区的种子部队。1939年，杨成武率部在雁宿崖、黄土岭战役中，歼灭日军一千五百余人，击毙"名将之花"阿部规秀中将。1940年8月，杨成武又在聂荣臻司令员亲自坐镇指挥下，成功破袭井陉煤矿，给敌人造成了巨大的经济损失，威力震惊了日本东京当局，杨成武一下子就成了威声四震的抗日名将。杨成武高度重视这次行动，召开完紧急会议后，又率领连以上干部把狼牙山周围每一座山头、每一条路、每一个沟沟岭岭都勘察得清清楚楚。

1941 年 8 月 13 日，日本法西斯军队最臭名昭著的战将之一——侵华日军华北方面军司令官冈村宁次调集重兵，严密部署，分十三路纵队对晋察冀抗日根据地北岳、平西区进行"铁壁合围"大"扫荡"，并由方面军最高司令官冈村宁次亲自指挥。为了突出这次行动是对百团大战的报复之旅，特命名为

◁ 百团大战中杨成武部队攻占东堡台

"百万大战"。日军方面参战部队有第二十一、第二十六、第三十四、第三十六、第四十一、第一一零等六个师团和第二、第三、第四、第八、第九、第十五等独立混成旅团各一部以及伪军共七万余人。而我军的参战部队只有晋察冀军区司令员兼政治委员聂荣臻指挥的军区所属部队四万余人。日军扬言要一举荡平整个晋察冀抗日根据地，彻底消灭我八路军主力部队，此次之行不仅派出了正规王牌军，还不惜血本地动用了大量的战斗机、轰炸机、大炮等先进军事装备和一大批精良的武器弹药。

这次反"扫荡"战役进行了两个多月，是八路军全面粉碎日伪军对晋察冀抗日根据地大规模扫荡的战役。日伪军第一次合围，由于晋察冀军区早有准备，敌人扑了个空，不甘失败的日军再次纠集重兵进行大合围。1941 年 8 月 31 日，边区党政机关七千余人被包围在一个东西约二十五公里、南北约三十公里的小圈子里。数架飞机轮番轰炸，包围圈越来越小，我军处境十分危险。在这紧急时刻，司令员聂荣臻等军区首长冷静分析敌情后，决定派出一个侦察队，携带一部电台，在黄昏到雷堡以东的台峪地区，以"军区呼号"呼叫，故意暴露目标，制造假象，以吸引敌人主力。果然，日伪军派主力赶往台峪，而我军趁着夜色悄悄转移，停止了电台联络和烧火做饭，分散隐蔽起来，成功地甩掉了敌人。

⟶ 兵神将勇

★★★★★

坚守在狼牙山下的是"狼牙山五壮士"所在的晋察冀军区第一军分区杨成武部第一团，团长就是大名鼎鼎、令敌人闻风丧胆的邱蔚。为了巩固和发展狼牙山根据地，狠狠地打击前来侵犯的敌人，早在1940年春天，八路军战士们就根据地形地貌，对狼牙山地区进行了人工改造。他们构筑了隐蔽工事，开辟了掩体和通道，在各险要处设置了障碍。新开辟的三条环形小道把"神仙桥"、"阎王鼻子"、"通天凳"等险关隘口，变成了我们有路可行，敌人却寸步难行的要卡。他们还充分发挥集体的聪明才智，将电线架设在敌人不易发现又不易攀登的山峰顶上，所有山顶都能互相连接起来，创造了"电话飞线"，形成的通讯联络网保障了部队指挥畅达，成了我军的"顺风耳"。

△ 邱蔚

进入 8 月以来，邱蔚团长率领的一团与狼牙山根据地两千多名游击队队员密切配合，运用灵活机动的战略战术与敌人巧妙周旋。他们时而隐蔽于狼牙山麓，时而出现在易水河畔，埋地雷，设陷阱，打伏击，神出鬼没，打得日寇晕头转向。日寇在狼牙山周围"扫荡"了一个多月，不但连八路军的影子都没抓到，反而被我民兵、游击队袭扰得顾头不顾尾，狼狈不堪，被击毙击伤三百余人，缴获了一批武器弹药。日寇恼羞成怒，像疯狗一样四处猛扑，见房屋就烧，见人就杀，见粮食就抢。在一个多月"扫荡"里，日寇共烧毁房屋十五万余间，抢走粮食六千余万斤，抢走的财物不计其数。

"铁壁合围"没有达到消灭我军主力的目的，日军指挥官气急败坏。他们经过认真分析之后认为：狼牙山根据地犹如一颗揳在他们身上的"钉子"，是他们侵吞中华大好河山最大的威胁。因此鬼子要不惜一切代价铺开一张"战网"，妄图将被他们蔑称为凶猛"鳄鱼"的邱蔚团一网打尽。而此时的邱蔚团长，正和他的一团指战员们在狼牙山上修筑工事，严阵以待，布下了一张"地雷网"，单等着鬼子来钻。

北管头村距狼牙山不到十里，是八路军的"堡垒村"。知道日寇要集中兵力，大举进犯晋察冀抗日根据地的消息后，在第一军分区部队各级党组织及游击队帮助下，群众带着牲畜和粮食等物资向狼牙山纵深处转移。当鬼子的先头部队四百余人到达狼牙山脚下管头村时，群众早已被疏散，坚壁清野后，只留下一座空村。鬼子进村后，一团为了扰乱日寇"扫荡"的计划，夺取其军需物资，决定先去挫挫他的锐气。

黄昏时分，团长邱蔚派通讯员去找七连连长刘福山，一会儿工夫，刘福山跑步到团部：

"报告！七连连长刘福山报到！"

"老刘，快进来，有个重要任务。"邱团长接着说，"团部决定先给鬼子搞个'欢迎仪式'，你带几个熟悉地形的战士，赶紧到管头村侦察一下敌人的兵力，注意隐蔽，速去速回，全体同志整装待命！"

刘福山带着六班班长马宝玉和战士胡福才赶到管头村外时，天已经黑了，他们三人找了一个隐蔽处观察村里的动静。村外设立几个岗哨，鬼子大都住在村东头的祠堂里，懒懒散散地透着一副疲倦的样子。马宝玉看了一会儿说：

"连长，我还是到跟前去摸摸详细情况吧。"

"好！"刘福山说，"但要注意隐蔽。"

◁ 马宝玉和葛振林介绍宋学义、胡福才、胡德林入党亲笔信

十几分钟后，满头大汗的马宝玉跑了回来："连长，我看清楚了，鬼子有四五门山炮、三四挺机枪、一挺重机枪，还有就是步枪了。鬼子住在祠堂里，伪军住在祠堂外的场屋里，大概有三四百人。"

刘福山用赞许的目光看着马宝玉说："太好了，我们马上回去向团长汇报。"

邱蔚团长听了他们的汇报，作了一番周密部署后，一团的战士们连夜悄悄地向管头村出发了。夜里 11 点的时候，战斗打响了。一连、七连首先进入预定地点，向祠堂发起了进攻。敌人被这天降神兵吓懵了，一时间日军、伪军乱作一团。"八路的来了，八路的来了……"

叫喊声、哨子声响成一片。

原来这些日军在"扫荡"的日子里长驱直入，只与小股游击队交过手，从未碰到过主力部队，以为八路军慑于"皇军之威力"，早就吓得躲到山里去了，所以骄横起来，疏于戒备。但这支鬼子部队是日军的一支劲旅，稍作慌乱后，马上被日军队长的吼叫声稳住了："八路主力的不是，小小游击队的干活，慌乱的不要！"这个日军队长尝过八路的厉害，却也不敢大意，睡觉前每次都把机枪架到院子里和房顶上，一有动静马上就能进入战斗。敌人慌乱过后，马上组织向我军反击，凭借着强大的火力与我军对峙起来，我军出现了一些伤亡。

二排六班九名战士在班长马宝玉率先垂范下，冲在了最前沿，但敌人机枪就像吐着两个火舌，猛烈得让人无法靠近，压得战士们抬不起头来。这时，班里的两名战士受了伤。马宝玉看到战友挂了彩，怒上心头，大吼一声，几个翻滚跃出敌人火力圈，然后匍匐到敌人机枪侧翼，爬到一棵老树上，借着树枝的掩挡，瞄准房顶上日军的重机枪手，"啪"的一枪把他击毙。顿时，机枪哑了下来，七连的战士们怒吼着冲了上去，与鬼子展开了巷战。日伪军当时乱了阵脚，军心溃散，抱头鼠窜，一下子死伤大半。残余部分失去了机枪保护，又摸不清八路的火力，再也无心恋战，丢枪弃甲，狼狈地向易县方向逃窜。这次袭击大获全胜，不仅缴获了大量武器弹药，更鼓舞了狼牙山抗日军民的士气，马宝玉和六班战士集体立功，六班被封为"尖刀班"。

→ 临危受命担重任

★★★★★

一贯自命不凡的日本法西斯从不甘心失败，这次吃了亏，下次一定会组织更强大的力量来反扑、来报复。1941年9月23日拂晓，侵华日军华北方面军乙兵团，由定兴、方顺桥附近分三路纵队西进，对易县北娄山一带的晋察冀军区一分区杨成武司令员指挥的部队形成了"铁壁合围"的态势，妄图聚歼一分区主力，捣毁抗日根据地的各级党政机关。

1941年9月24日清晨，三千五百多名日伪军，在日本侵略军最擅长山地作战的、前敌指挥官高见的带领下，分成九路，向北娄山西部的狼牙山扑去。前面是飞机大炮开路，荷枪实弹的入侵者张牙舞爪地跟在后面。汉奸赵玉昆像一只摇尾乞怜的哈巴狗儿，颠颠儿地跟在高见屁股后。提起这个民族败类，晋察冀边区的军民无不恨之入骨，锄奸队更是寻找机会一心要除掉他，无奈几次都被这只狡猾的狐狸溜掉了。

赵玉昆祖祖辈辈都是易县人，他爷爷意外发笔小财，置办了一些田产、家业，可他父亲和他全都不务正业，吃喝嫖赌把家产挥霍一空。从小赵玉昆就好逸恶劳、狡猾奸诈、品行不端，长大后结交了一批地痞流氓，渐渐地走上了邪路，成天偷鸡摸狗、欺诈绑票，最后竟干脆投靠了土匪。后来在一次抢劫中被抓，又被国民党警方投进大牢。不久日寇攻进易县，国民党自顾逃亡，赵玉昆趁机带领犯人砸开监狱牢门。逃出监狱后，他看到局势一片混乱，便趁机招兵买马，举起了"华北民众救国军"的大旗，后又改名为"抗日救国第十路军"。当时国难当头，一些有志之士正愁报国无门，便投到了他的旗下，于是赵玉昆的队伍里便三教九流，鱼龙混杂：有真心抗日的热血男儿，有地痞流氓，有纨绔子弟，有青年学生，还有一些爱国的旧军人。1939年春，晋察冀第一军分区司令杨成武收编了"十路军"，本想共同抗日，可赵玉昆却恶习难改，频繁违反八路军纪律，横行乡里，鱼肉百姓，民愤极大。一分区给了他严厉的批评和处分，希望能教育挽救他。赵玉昆非但不思悔改，反而彻底投靠了日寇，成了一名铁杆汉奸。由于他十分了解根据地和党组织的情况，所以他的叛变给八路军和县党政组织带来了极大的危害。根据地几个县的县委、区政府遭到袭击破坏；中共定兴县县委书记被活埋；许多领导同志遇害牺牲。这次对狼牙山根据地的"扫荡"，他为了显示出对"大日本皇军"的忠心，跟在指挥官高见身边，恨不得把知道的所有情况都一下子说出来，叛徒、汉奸、卖国贼的丑恶嘴脸暴露得淋漓尽致。日军前有轻骑，后有汽车，再加上赵玉昆既熟悉地形，又非常了解八路军的作战方式，不时地向高见献计献策，敌人很快就占领了狼牙山东部所有的村庄，并重新调配了兵力，作好了向狼牙山进攻的准备。

　　而此时狼牙山上除了邱蔚率领的一团外，还有易县、定兴、徐水、满城四个县的游击支队和五地委、四个县的党政机关人员以及周围村庄的群众两万多人。面对重重包围，怎么才能把这么多人安全转移呢？邱蔚团长看到形势十分严峻，马上通过"飞线"电话向杨成武司令员报告。杨成武司令员正和司令部的其他人员研究作战方案，从方方面面传过来的消息，使他深感这次事态的严重性。以前日寇仇视、痛恨狼牙山，但狼牙山天然的防御工事让他们力不从心、望而却步。这次日寇一改惧怕心理，纠集了七万余人大举进攻狼牙山，其势必要彻底剿灭八路军在狼牙山武装力量的决心由此可见一斑。杨成武立即命令邱蔚团长：

"多方面的情况说明 25 日敌人对狼牙山的进攻将更猛烈，我军一团不能与数倍于我的日军硬拼，必须从狼牙山突围，一定掩护地方党政机关和人民群众安全转移！"

杨成武司令员制定了"围魏救赵"的作战方案，命令狼牙山西南的三团和二十团从正面佯攻管头、松山、甘河一带日军，促使日军迅即从狼牙山东北方向的碾子台、沙岭子等地调兵增援，一团趁机掩护被围的游击队员、主力部队和党政机关及乡亲们从东北方向突围。邱蔚团长接到命令后，立即召开营、连长碰头会，简单布置了任务：一、部队大部分组织、掩护群众安全转移，然后撤离；二、留下一小部分战士坚持战斗，阻击敌人，掩护主力部队及群众安全转移。阻击任务交给了二营七连，邱蔚又特意叫住了刘福山连长：
"福山，把你们七连留下牵制迷惑敌人，掩护
党政机关及群众安全转移，这任务可是艰巨
而又危险，并且责任重大，你们连有没有困
难？"

刘福山马上说："团长，这次任务一定交
给我们，你看我们七连什么时候没完成好任
务？"

"这次实在是关系重大，部队及群众的
生死存亡全靠你们了。"

"请团长放心，七连保证完成任务！"刘
福山说完，向团长敬了一个礼就急忙向连队跑
去。

刘福山回到连队后，与指导员蔡展鹏决
定立即召开党支部大会进行研究。会上大家
认真分析了敌我态势，一致认为：敌人无论
在兵力还是在装备上，都有着强大的优势，
我们不能硬拼，必须发扬我们熟悉地形之长，
以少胜多。会议一结束，连长刘福山马上召
集全连紧急集合，马宝玉和六班的战士们快

速跑向集合地点。一场大战即将来临了，每个人的脸上都带着勇敢和坚毅的表情。

"同志们！"刘福山带着凝重的眼神看着他手下这些生龙活虎的战士们，继续说道，"团长把掩护主力部队及群众转移的任务交给了我们七连，任务光荣而又艰巨，这是对我们的考验和重托，我们要用生命来保证，一定要完成任务！"

"坚决完成任务！"全连战士带着必胜的信念，异口同声地回答着。

一团七连是一支能征善战的钢铁连队，大小战斗参加了上百次。自狼牙山根据地建立以来，他们就一直驰骋在北岳和狼牙山地区，与日本侵略者进行着一次次殊死搏斗。反"扫荡"、破"清剿"、粉碎"铁壁合围"，他们始终保持着顽强的战斗力，不怕牺牲，不怕困难，不畏强敌，机智勇敢地完成了一次又一次任务，使狼牙山变成了一座固若金汤的城池。连长刘福山、指导员蔡展鹏虽然都是二十多岁的年轻人，可都是身经百战、屡立战功、是数一数二的连队指挥员。此时，他俩都感到肩头的担子异常沉重，两万多名区县党政机关同志及手无寸铁的群众的生命，都需要在他们的掩护下安全撤离，而他们却面临着数倍于自己并且武器设备精良的敌人，自己牺牲不要紧，可怎样才能保护好同志和群众的生命安全呢? 刘福山和蔡展鹏不由得重重地出了一口气。

慷慨悲歌狼牙山

(1941)

→ 铜墙铁壁

☆☆☆☆☆

连长刘福山和指导员蔡展鹏反复研究了阻击方案，最后决定从狼牙山脚下起，组成三道阻击防线来保证部队主力及乡亲们安全转移。1941年9月24日拂晓，敌人开始蠢蠢欲动。七连的指战员们隐蔽在山梁上严阵以待，六班藏在一片凸起的山石后面，正对着上山的路口，目不转睛地注视着山下敌人的动静。整个狼牙山地区，到处是浓烟滚滚，有的房屋甚至还蹿着火苗。乡亲们扶老携幼，牵着牲畜的、挑着担子的、背着财物及粮食的，在民兵和政府干部的组织下，汇成一支长长的队伍，沿着蜿蜒的山沟，井然有序地向远处走去。

六班的战士看到不时回望一下家园的乡亲们，不觉得眼睛有些湿润了，他们心情沉重地擦着手里的枪，心里暗想：日本法西斯毁我中华河山，践踏我中华大地，驱赶、杀戮我中华子民，旧仇未去，又添新恨，这笔血债早晚得让日本鬼子来偿还！

黄昏时分，在西南方向担任佯攻任务的三团和二十团，完成了预定任务后马上撤出战斗，迅速地消失在茫茫大山之中。日本指挥官高见一番调兵遣将，本以为抓住条大鱼，不料却扑了个空，一个八路军也没有"合围"到，顿时气得暴跳如雷，一阵"哇哇"乱叫。他带着日军立即撤回原地，恼羞成怒地命令部队一刻不停地进攻。只见那高见手持望远镜，不停地搜索着八路军的踪迹，然后指挥炮兵开火。一时间，百发炮弹齐发，狼牙山山坡像经过暴风雨洗礼一样被炸成一片焦土。

七连在日寇"扫荡"的一个多月里，一直在战斗减员，现在全连只剩下不足百人。但七连的战士们依然士气旺盛、面无惧色、斗志昂扬。他们躲在山石后注视着鬼子的行动，一旦炮火停息，马上就进入山下阵地，隐蔽在被日军炸毁的隐蔽体内，作好迎击进山的敌人的准备。日寇见山下没有动静，便派一个大队的兵力，大着胆子冲了过来。只见黑压压一片端着枪的日军向山脚下逼近，子弹像雨点一样飞过头顶。刘福山不慌不忙地扫视了一眼大家，问道：

"准备好了吗?"

"准备好了，连长，下令吧!"

"好! 同志们，报仇的机会到了，给我狠狠地打!"刘福山话音刚落，只听见那机枪、步枪同时叫了起来。

"哒哒哒哒……""噼，啪!"愤怒的子弹像火蛇一样喷射出来，冲在最前头的鬼子应声倒下。七连的战士个个枪法过硬，杀敌本领高强，基本上弹无虚发，一个回合下来，日军死伤一百多人。高见知道遇上了强敌，急忙下令让日军退到后面来，重新部署兵力后，由机枪和山炮作掩护，再次发起猛烈的进攻。敌人的炮火更加密集了，七连不时地有人在伤亡，刘福山强压着心头燃烧的熊熊怒火，沉着冷静地指挥着：

"不要慌，等鬼子靠近了再打!"敌人

一步一步压上来了，刘福山大喝一声："打！——"霎时间，手榴弹、机关枪、步枪……憋闷在心头已久的仇恨伴随着子弹飞泄出去。战士们居高临下，占据着有利的位置，打得鬼子抱头鼠窜，鬼子的几次冲锋都无法攻破防线，日军指挥官高见急得像热锅上的蚂蚁团团乱转。天渐渐地黑下来了，不熟悉山形地貌的鬼子更不敢贸然进攻了，只好抬着伤亡的人员撤了下去。

漆黑的夜色把狼牙山装扮得多了几分神秘，也多了几分悲凉。天上的星星昏暗地眨着眼睛，似乎被这还没有散尽的硝烟熏得不愿再发出光亮。山上的鸟儿吓得飞跑了，只是偶尔从很远的地方发出几声凄厉的鸣叫。昔日美丽而宁静的狼牙山，被日本法西斯的飞机大炮屠戮得伤痕累累、满目疮痍。连长刘福山、指导员蔡展鹏顾不上休息，马上到各排了解伤亡情况，清点武器弹药。他俩一边忙着为伤员包扎伤口，一边布置二排六班班长马宝玉带领战士去埋地雷。六班的战士们把地雷埋在敌人上山的必经之路上，并用树叶、杂草伪装好，又把手榴弹一束一束埋入半山腰的草丛中。安放好手榴弹，马宝玉对大家说：

"抓紧时间睡一觉吧，天亮还有一场大仗等着呢。"

胡德林乐呵呵地说："咱把鬼子的早餐准备好了，明天没准还谢谢咱呢。"

葛振林一听说早餐，才觉得肚子咕咕叫，一摸干粮袋，已经瘪瘪的了。这时宋学义拿了几个萝卜分给大家，说："这是乡亲们种在山上的，我们先充充饥，以后再赔偿乡亲们吧。"胡福才一边吃萝卜，一边往下走："山下还有玉米，我再去掰几个，不然明天也都让鬼子糟蹋了。"

马宝玉看到大家都饿了，于是说："行，去掰几个吧，等我们胜利了，我们还给乡亲们更多的粮食！"

战士们忙完已经快亮天了。疲惫加上困乏阵阵袭来，六班的战士们抱着枪相拥着睡着了。夜幕笼罩下的狼牙山透着一丝丝寒意，威严矗立的山峰早已失去了往日的宁静，庄严肃穆的狼牙山成了硝烟弥漫的战场。八路军晋察冀第一军分区一团七连的战士们静静地守在那里，他们在捍卫着英雄的狼牙山，捍卫着这块神圣的土地，捍卫着中华儿女的民族尊严。

1941 年 9 月 25 日拂晓前，邱蔚团长率领主力部队及地方干部群众两万余人，井然有序地顺着改造过的盘坨路，神不知鬼不觉地转移到碾子台、莲花山以北的田岗、牛岗、松岗、双峰一带。而日军仍以为一团主力部队还在狼牙山，被他们围住，插翅难飞。经过几天的火力侦察和周密部署，日军调动了数千兵力及重武器，妄图一举歼灭这条一直困扰他们的"大鳄鱼"。

清晨 4 点钟，一声枪响划破了黎明的宁静，日军从狼牙山内外两线同时向狼牙山腹地搜剿。马宝玉和葛振林听到枪声后马上站了起来，隐约听到鬼子的嘈杂声，向山下望去，整个狼牙山每条山沟里都布满了敌人，日寇正张开一张密密的"大网"，势必要捕捉住网里的"鳄鱼"。七连战士们正枕戈待旦，等着鬼子的到来，五百多名日伪军在飞机、大炮的掩护下，凶猛地向狼牙山扑来。"轰！轰！……"日寇还未进入我军阵地，就中了预先埋下的地雷、炸弹的埋伏，当场炸死炸伤四十余人。

日军指挥官高见亲自上前沿督战，调集了飞机向我军轰炸。敌机扔下的炸弹将狼牙山炸得铁石横飞，荒草树木也被燃起了浓浓的烟雾。七连的战士凭借着有利的地形躲避着炸弹、石片、树枝，并迅速进入阵地，把守住各个路口，灵活地阻击敌人。一边在鬼子必经之路继续埋设地雷，一边分散开来，从不同位置向他们射击，造成漫山遍野都是八路军的假象来迷惑敌人。

日伪军凭借飞机大炮的火力，越来越逼近七连阵地。连长刘福山带着二班和机枪班在敌人进攻的正面显要位置，他沉着冷静地指挥着："先别着急，等鬼子靠近了再用手榴弹打。"50米、40米、30米……"打！"刘福山一声令下，手榴弹像雨点般落下，在鬼子中间开了花，伴随着一片鬼哭狼嚎声，敌人败下阵来。接着鬼子变换了阵形又攻了上来，这回他们拉长了战线，黑压压一片齐头并进。刘福山见敌人进入了火力圈，大喝一声："打！狠狠地打！"刹那间，机枪、步枪百弹齐发，鬼子又丢下一大片尸体败下阵去。

高见以擅长山地作战而著名，连续五次进攻都败下阵使他大为恼火。他从望远镜里看到了刘福山指挥的位置，便命令山炮向正面高地猛轰。炮弹冰雹般倾泻下来，山口顿时一片火海，烟浪翻滚，土石迸飞。突然，一枚炮弹在连长刘福山身边爆炸，弹片击伤了他的头部和胸部，鲜血流出来，染红了他的衣服。蔡展鹏飞奔过来，扶起刘福山大声叫道：

"连长！连长！——"

刘福山慢慢睁开了眼睛，问："指导员，战士们怎样了？"

蔡展鹏说："已牺牲了不少战士，但敌人又被我们击退了。"

刘福山虚弱地又闭上了眼睛，蔡展鹏见状急忙叫卫生员抱他到草丛中歇息。连长刘福山受了重伤，二班和机枪班的战士们也大都牺牲了，七连的战士都哭了……

指导员蔡展鹏站在一块石头上，对着七连的战士们说："同志们！我们七连是钢铁连、硬骨头连！从没有打过败仗，今天，我们一定要狠狠杀敌，为连长和同志们报仇雪恨。"

这时，六班班长马宝玉主动向蔡展鹏请战："指导员，你带着连长和同志们先撤吧，我们六班作掩护。"

按照军区领导的指示，掩护主力部队、党政机关及群众突围后马上撤退。可敌人进攻一次比一次激烈，全连伤亡较重，只有留下一小部分拖住敌人，才能让七连冲出包围圈。蔡展鹏知道六班战斗力很强，班长马宝玉是一员作战经验丰富的猛将，可这是把生的希望留给别人，把死的可能留给自己呀！蔡展鹏眼眶湿润了。马宝玉在一旁着急地说：

"连长的伤势不能等啊！指导员，你领同志们快走吧。"

蔡展鹏迟疑了一会儿，说："宝玉，只能这样了，你们一定坚持到明天中午，争取让部队主力和群众走得更远些，然后能往哪儿撤就往哪儿撤，明天到规定地点集合。"

马宝玉坚定地回答："指导员放心，我们一定完成任务！"

电话联系不到七连的邱蔚团长也赶到了前沿阵地，他特意看望了六班的全体同志，和他们一一握手，嘱咐说："突围的队伍和你们连的主力能不能安全跳出敌人的包围圈，全看你们了。从现在起，你们一个人要对付十几个甚至几十个敌人，你们一定要充分利用狼牙山的天险和改造过的地形，灵活机动地打击敌人，我相信你们一定会圆满完成任务的。"

"请团首长放心！"六班的战士们异口同声地回答。

　　蔡展鹏给六班补充了一些弹药，并留下了全部地雷，然后抬起连长和伤员带着连队战士向老君堂、龙王庙方向突围……

△ 狼牙山五壮士塑像

→ 五夫当关，万夫莫敌

★★★★★

此刻，六班只剩下了班长、共产党员马宝玉，21岁，副班长、共产党员葛振林，24岁，战士胡福才，28岁，胡德林，24岁和23岁的宋学义五位同志。连队的战士们刚一撤退，他们就开始埋设地雷。从"上天梯"、"南天门"、"阎王鼻子"一直埋到"小鬼儿脸"，还把敌人可能经过的山梁、沟岔都埋上了。地雷埋完了，战士们又把手榴弹捆扎起来，串通导火索当地雷用。埋完地雷，马宝玉让宋学义和胡福才监视敌人动向，其他人抓紧休息。

宋学义和胡福才一直也没敢合眼，等

到东方发白了，聪明的宋学义把刺刀扎在地上，耳朵贴着枪柄，仔细听了一会儿，喊道："福才，快叫班长，鬼子有动静了。"马宝玉听到喊声一骨碌爬起来，五位战士爬上了小山头，向下一望，看见漫山遍野都是鬼子兵。马宝玉果断地说：

"葛振林，你和胡德林带一挺机枪在左边，胡福才和宋学义带一挺机枪在右边，我在中间，鬼子一上来就来个全面开花。"

话音未落，就听见"南天门"传来"轰隆隆"的巨响，鬼子踏上了地雷。一声接着一声地动山摇般的爆炸响声传来，让战士们兴奋不已，他们精神抖擞地站在阵地上，看着鬼子弓着腰、端着刺刀、小心翼翼地向山顶爬来。马宝玉不慌不忙，等着鬼子快爬到"阎王鼻子"的时候，大喊一声："打！"并随手扔出一颗手榴弹，炸翻了爬在最前头的几个鬼子，接着，战士们也一连串地把手榴弹投向敌群，左、中、右三挺机枪同时喷射出火焰，爬在天梯上的鬼子，上不能上，下不能下，撅着屁股等挨揍，一个鬼子被打倒，下一个鬼子又被撞下了悬崖。

日军指挥官躲在天梯下，望着狼牙山峰顶棋盘坨下的一座山神庙和小庙上空的无线电天线（当时八路军团以上机关才有），以为围住的就是他们恨之入骨的邱蔚团主力，于是下达命令加大火力，把几门山炮集中，对着山顶猛烈轰炸，又派两架飞机一边侦察，一边往下扔炸弹。一时间山顶上硝烟滚滚，铁石横飞，可五名战士面无惧色，迅速地躲进石头堆砌的掩体内，根本就不理会小鬼子。过了一会儿，敌人停止了轰炸，战士们马上跑出了掩体进入了阵地。二百多名日伪军又攻了上来，马宝玉指挥大家："变换位置向鬼子射击，让敌人辨不清虚实。"

鬼子越来越近了，马宝玉沉着冷静地说：

"不要急，等靠近了再打，拖住敌人就是胜利。"然后又吩咐大家："边打边向东山口撤，把鬼子引向东山口。"

东山口两面是山，崖高壁陡，山口内有一条小横岭。进东山口翻过小横岭，沿着一条曲折的小道便能登上棋盘坨。马宝玉他们一边阻击敌人，心里还挂念着主力部队及群众。他们由小横岭往南向棋盘坨方向撤，这样就能转到日寇和主力部队的侧面，可以更有效地阻击敌人，掩护主力部队安全转移。马宝玉等人为了引敌人上钩，故意站在小横岭上向日军射击，日伪军果然上当了，全都扑向东山口，先头部队踩响了六班事先埋在山口外面的地雷，一下子炸死、炸伤十余人。后面上来的敌人继续向东山口猛扑，为了节省弹药，六班的战士巧妙地利用地形作掩护，等敌人冲到二三十米处才开始射击。他们在东山口阻击了一个多小时，击毙日伪军四五十人。

　　马宝玉率领战士们又一次击退了敌人，他朝山上望了望，山上什么动静也没有了，部队和群众都转移了，于是他才下令撤到南石门。从南石门到"小鬼儿脸"只有一条又窄又陡的小路，下边是悬崖峭壁，上山时一不小心就会摔下万丈深渊。马宝玉让胡德林在正面的一个大石缝儿里放哨，观察鬼子动静，自己叫上副班长葛振林一起到山上查看地形，制定作战方案。

　　南石门距主峰棋盘坨很近，是三个相连的小山包，上山的小路弯弯曲曲，荆棘丛生，小路两侧都是陡坡；山上地形更为复杂，石头突兀林立，一层层上去犹如迷宫，这可是隐蔽的最佳位置了。再往上就是"通天凳"、"神仙桥"、"阎王鼻子"、"小鬼儿脸"等险要处。仔细察看一番后，马宝玉和葛振林商量决定把阻击阵地放在"阎王鼻子"、"小鬼儿脸"的险要地段上。"阎王鼻子"是通向主峰棋盘坨路上的一块突兀的石崖，三面深渊，只有一条陡峭的小路。葛振林说："这块地形最险了，只能容一人侧身而过，可以说'一夫当关，万夫莫开'。"

马宝玉欣喜地回答："那我们今天是五人当关，可抵他五万人马了！"说完，两人不禁哈哈大笑起来。

两人设计好制敌方案，胸有成竹、踌躇满志地走下山来。当他们五人正在一处凹地里布置阻击方案时，空中传来飞机的轰鸣声，胡德林大喊一声："鬼子的飞机来了！"马宝玉赶紧叫大家分散隐蔽。敌人在东山口受阻，几次冲锋都是丢下十几具尸体再退下去，又急又恼后，开始用飞机大炮猛烈轰击。山上的石头被炸得乱飞，硝烟把战士们淹没了，什么也看不见，五个人都彼此担忧着战友的生命安全。炮火刚一停息，葛振林急忙从土里钻出来，边抖掉身上的树叶和土块，边急切地喊道："班长——，班长——"一会儿，那四个人也都完好无恙地从土里钻出来。马宝玉看见大家都奇迹般地没有受伤，笑着骂道：

"狗日的飞机真厉害，要是再多丢一颗，我们就保不准儿去见马克思了。"

10分钟后，鬼子进攻了。狡猾的鬼子被炸怕了，这回让伪军走在了前面。伪军本身就不愿意打自己民族的人，在日本鬼子水上源藏大佐的驱逐下，无奈地一步一挪往上爬着，半天不迈一步，一步不超过半尺，气得水上源藏又跳又骂。汉奸赵玉昆为了讨好日本主子，也在一旁丧尽天良地骂道："都他妈的胆小鬼，走快点，没有地雷了。"

日寇摸不清狼牙山上有多少八路军，几次冲锋失败，使他们更加坚信围住了八路军主力，以为遇上了真正的对手。于是，他们更加谨慎，变换了战术，把日伪军分成若干股梯队，以机枪作掩护，拿着信号旗上下联络，依次进攻。六班战士失去了埋地雷、炸弹的机会，只有利用石头、树木做掩体，机动灵活地向敌人射击。五位战士屏住呼吸，目不转睛地盯着敌人一步步靠近，当敌人来到"阎王鼻子"40米处，马宝玉把军帽猛地一摘，掖在怀里，大声喝道："同志们，给我狠狠地打！"五颗手榴弹同时扔进敌群，敌人鬼哭狼嚎地滚下山去。他们就像五只矫健的猴子，行动敏捷，令敌人难以捉摸；他们又像下山的猛虎，威风四射，势不可当，让敌人望而生畏。这一场仗打得惊天动地，血肉横飞，打出了八路军钢铁战士的雄威，打出了中国军人的英雄气概！

鬼子的五次冲锋都被击退了，马宝玉看看已经高高升起的太阳，擦了擦汗，吩咐大家抓紧清点一下弹药，这时候发现手榴弹和子弹都剩下不多了。敌人调整了兵力部署，加强力量组织进攻，这回又多加了几门山炮，敌

▽ 狼牙山

人的炮火更加凶猛了。马宝玉见此情景安排道：“同志们，我们要交叉火力互相掩护，边打边撤。”

敌人的机枪"哒哒哒、哒哒哒"不停地叫着，子弹进到石头上，火光四溅。葛振林隐蔽在石头后，每射出一颗子弹，都要大吼一声，以释放心中满腔的怒火。胡德林边射击边骂着："小鬼子，上来就叫你有去无回。"突然，马宝玉大叫一声倒在了地上。一颗子弹划过了头皮，鲜血顺着脸颊淌了下来，胡福才急忙跑过去扶起马宝玉，喊道："班长，班长——"马宝玉满脸是血，却毫不在乎地说："没事，没伤到要害处，死不了。"

葛振林给马宝玉包扎好伤口，对大家说道："赶快撤，我掩护。"

宋学义也抢着说："你们走，我来掩护。"

葛振林一推他，说："快走，别耽搁，没时间了。"

→ 诱敌深入

★★★★★

日军久攻不下，水上源藏大佐被指挥官高见骂得团团乱转，他又拿起望远镜仔细向狼牙山上观看，看了半天，只看见几个人影在动，哪里有什么大部队。他气得"哇哇"乱叫："山上八路主力的不是，小分队的干活，快快的上去，抓八路的干活。"鬼子一听都来了劲儿，"嗷嗷"叫着往山上冲。

马宝玉率领着六班战士往山顶撤退，来到了一个叫"铁箭岭"的地方。这是一个岔路口，共有三条小路：一条通向山脚下，已经被鬼子围得水泄不通；一条横在山腰向北延伸，直通山外展子台，是乡亲们和主力部队转移的方向；最后一条是通向狼牙山峰顶棋盘坨，棋盘坨峰顶三面都是斧凿刀削般的悬崖峭壁，下面是万丈深渊，这是一条绝路！马宝玉站在岔路口，抬头看见鬼子的侦察机在狼牙山上空盘旋着，脚底下敌人的大炮、机关枪全向山上伸出长长的火舌，一队队鬼子在炮火的掩护下开始往山上爬。

撤？往哪里撤？面对着这生死抉择，马宝玉看着六班的战士们犹豫了。往右的路通往老君堂，但敌人就在身后，我们走到哪儿，敌人就会跟到哪儿，这样主力部队和转移的群众就有可能暴露；往左通往棋盘坨峰顶，可保证主力部队和乡亲们的安全，但这是一条绝路，到了那里便无路可退了。马宝玉思索了片刻，便下决心对战士们说："走，上棋盘坨！"五个人都明白这选择意味着什么，把敌人引向绝路，顾全了大局，但自己也放弃了生还的希望。五个人交换着坚毅的目光，互相鼓励着，五位勇士的手不约而同地挽在了一起。

"班长，下命令吧！"

"班长，我们和鬼子拼了！"

五壮士抬头看看棋盘坨，它仿佛巨人雕塑一般，巍然耸立在那里。棋盘坨下边，山神庙上空的天线，随风摇动，发出"呜呜"的响声。胡德林说："天线怎么还不拆除？"边说边要上去拽下来，马宝玉急忙拉住他说："不能拆，我还怕鬼子看不见呢！"说完他俯身拾起一块白石头，在三岔路口的石壁上，醒目地朝棋盘坨方向画了一个路标，然后向狼牙山峰顶攀去。副班长葛振林提起枪，第一个跟了上去，宋学义、胡德林及胡福才也一跃而起，紧跟着向上攀去。

鬼子在强大火力的掩护下爬上了三岔路口，他们正在猜测八路军往哪个方向走的时候，一个鬼子指着路标喊道："八路，这边的有，快快地追！"水上源藏急忙一摆手："八路，狡猾狡猾了的。"说完，又看了看地上的行走痕迹，指挥刀向东南方一指，冷笑地说："八路，这边的有，这边的追！"马宝玉他们为了诱惑敌人上钩，用稀疏的枪声开了火，鬼子马上原地卧倒。水上源藏拿起望远镜向山顶观察，看见了立在山神庙上的天线杆，一阵狂喜，他知道八路军只有团级以上机关才有发报机，兴奋地叫道："八路的指挥所! 快快地冲，奖赏大大的有!"

马宝玉他们把敌人一步步地引上了棋盘坨下的牛角壶，到了牛角壶，看见日伪军被远远甩在了后面，便坐下来休息一会儿。又渴又饿的宋学义拿起水壶刚想喝口水，却发现水壶早就被打漏了，葛振林、胡德林、胡福才拿起自己的水壶，也都是弹痕累累，里面一滴水都没有了。只有马宝玉的水壶里还剩下半壶水，可推来让去，谁也舍不得喝一口。马宝玉没办法，只好自己先喝了一小口，然后传给每一个人都喝了一口。马宝玉检查了一下武器，便坐在葛振林身边，边擦枪边和葛振林商量："咱们班的战士经过考验，都够入党的条件了，咱俩做他们的入党介绍人吧。"葛振林一听赶紧表示同意，于是马宝玉便掏出一个小本子，铺在膝盖上写了起来。一会儿，他把宋学义、胡德林、胡福才叫到了跟前，郑重地说：

"我和葛振林同志是共产党员，以前对你们帮助教育不够，没有培养你们入党，几次战斗证明，你们三个都具备了一个光荣的中国共产党员的条件，我和葛振林同志愿意当你们的入党介绍人。"

马宝玉合上小本子，小心翼翼地装进口袋里，接着说："如果这次战斗中我牺牲了，领导和同志们以后会找到我的尸体，会在我的衣袋里发现我和葛振林同志介绍你们入党的信。现在，就让我们用实际行动，表达我们对党的无限忠诚吧！"

三名战士无比激动，他们情绪激昂地宣誓：

"我们坚决听从党的安排！"

六班在这里休息了大约一个小时，后边的敌人才气喘吁吁地爬了上来。前面是一群伪军，有几个还穿着老百姓的衣服，后边才是日军，大约有四五百人。副班长葛振林问马宝玉："鬼子上来了，打不打？"马宝玉忽地一下站起来说："打！不打咱来干什么！"

其实，当时他们要想转移还来得及。但是为了牵制住敌人，让部队主力和群众转移得更远些，更安全些，便毅然下了打的决心。同样基于这种想法，他们在牵制敌人的行动时，没有沿着部队转移的方向撤，而是将敌人引向了相反的方向。马宝玉心里非常清楚，几万人走过的乡间小路，被踏过的茅草会清晰地暴露党政机关和群众转移的方向。敌人到狼牙山发现上当后，也会调动兵力去追击。所以，他们不但要英勇顽强地打击敌人，更要以革命战士的大智大勇来迷惑敌人、拖住敌人。他们的举动充分体现了革命军人把生的希望留给别人，把死的危险留给自己的革命大无畏精神。

敌人在这次进攻前，先用迫击炮轰击，然后再借着炮火的硝烟和机枪的掩护发起进攻。

牛角壶有许多大大小小的石洞，口小底大，便于观察敌人的动静。又有半人高的山草，藏下百十人没有问题。马宝玉命令大家利用石洞和茅草作掩护，采取机动灵活的战术，打一枪换一个地方，使敌人摸不清虚实。他们每打退敌人一次进攻，就钻进石洞，以防日军炮击。山路狭窄，敌人只能一个跟着一个，成一字长蛇阵向上冲来。五位勇士凭借着林立的山石和居高临下的有利地势，开枪的开枪，扔手榴弹的扔手榴弹，窄小的山路让鬼子无处躲避，鬼子被炸得血肉横飞。他们在牛角壶连续打退了敌人四次进攻，击毙日、伪军六七十人。

时过中午，敌人发起了第五次进攻。急不可耐的鬼子加强了火力，炮火轰炸异常凶猛，把山上的茅草和树丛都点燃了。葛振林正打得激烈，突然，胡德林猛地推他一把，喊道："副班长，你衣服着火了！"葛振林这才觉出后背有些热，他顾不得解衣扣，使劲儿一撕，把衣服拽下来扔了下去，嘴里骂道："可恶的小鬼子，刚发下来老子还没舍得穿的新衣服呀。"葛振林接着又对敌人开起了火，他打一枪换一个位置，浑身好像有使不完的劲儿。马宝玉也杀红了眼，越战越勇，逼得鬼子节节后退。鬼子在狭窄的山路上施展不开，只有招架之功，而无还手之力，战战兢兢，如履薄冰，死伤惨重。就这样，五位壮士又打退了敌人的第五次进攻。

→ 纵身一跳垂青史

☆☆☆☆☆

　　鬼子被战士们英勇不屈的精神震慑住了，上来不是死就是伤，一个个都畏畏缩缩，不敢前进。但敌人已是骑虎难下，在水上源藏大佐刺刀的威逼下，硬着头皮又往上冲。马宝玉毫不胆怯、沉着坚定地指挥着：

　　"宋学义，先走，别犹豫，快——"

　　"胡福才、胡德林，向上爬，从这儿上！"

　　马宝玉平时性格像大姑娘似的，一说话脸就红，是个不善言谈的人。可关键时候他总是先想到别人，年龄不大却像老大

099

慷慨悲歌狼牙山

哥一样，关心全班的每一个战士。遇到困难的时候，常常会想出许多好办法解决，打起仗来从不退缩，永远是第一个冲在前头。每次论功行赏的时候，他总是把荣誉归结到全班集体头上，自己从不居功自傲。他的一言一行代表着对党和人民的无限忠诚，他的一举一动表达了对同志们兄弟般的挚爱，他用实际行动赢得了领导和同志们的信赖，不负众望地当选为党的小组长。此刻，马宝玉带领着全班战士边打边撤，缓缓地向狼牙山顶峰攀援着。他边爬边想着战场上一幕幕悲惨的画面，想到日本鬼子侵占了大半个中国，使我人民百姓流离失所、家破人亡。国家到处是战场，到处是硝烟，早已经没有安宁之地。这场战争何时才能结束？父老乡亲何时才能过上安稳日子？自己何时才能和亲人相聚？想到这里，他满腔怒火，心情不免有些沉重起来……

"哒哒哒；哒哒哒……"敌人的机枪不停地扫射着，密集的子弹从天空"嗖嗖"飞过，五名勇士不时地回身向爬到前面的敌人射击，一个敌人被击中了，他身后的敌人也一起跟着滚入悬崖。到太阳偏西的时候，马宝玉他们撤到了棋盘坨顶峰的万年灯。大批的敌人还在一个劲儿地往上冲，他们举着"膏药旗"，一边爬一边高声叫道："缴枪的优待……缴枪的优待……"

宋学义气得脸涨得红红的，骂道："去你妈的！优待你一个手榴弹！"

"轰！轰轰轰——"大家也都铆足了劲儿，一人掷下一颗手榴弹，鬼子嚎叫着翻身滚了下去。短暂的静默之后，"哒哒哒……哒哒哒……轰！轰轰轰——"，日军的机枪、掷弹筒三面齐鸣，顿时，山摇地动，硝烟四起，狼牙山上战火纷飞，斑秃的石壁上弹痕累累。马宝玉举起枪，对着往上爬的日军扣动扳机，不觉得倒抽了一口冷气：枪膛是空的！子弹不知不觉中打光了。与此同时，葛振林、宋学义、胡德林几乎同时发问："还有子弹没有？还有手榴弹没有？"

"班长，我这儿还有一颗手榴弹！"胡福才说完，把手榴弹举过头顶就要扔。"慢，先别扔！"马宝玉一把将手榴弹握在手中，用坚毅的目光扫视了一下大家，一字一顿地说："这颗手榴弹留着，到万不得已的时候再用！"战士们明白了班长的用意，互相交换了一下坚定的眼神，不由自主地向马宝玉身边靠拢过去。

日本鬼子跌跌撞撞地爬上道观，站在空无一人的小庙前，看着那根摇摇欲坠的天线杆，才发现自己上了大当。水上源藏气得暴跳如雷，拿起望远镜向山顶查看，终于发现与他们周旋一天的八路军只有五个人。他恼羞成怒，脸一阵阵抽搐，牙咬得咔咔直响，同时，他又十分好奇：这五个人难道有什么神奇功力，太让人不可思议了。于是命令部下冲上去，一定要抓活的回来。鬼子一队队涌上来，嘴里喊着：

　　"捉活的，投降的不杀！"

　　"八路的投降，缴枪的不杀……"

　　五位勇士在这危险关头，没有丝毫畏惧，也没有六神无主，而是冷静地守在山头，看着鬼子越来越近、越来越近，甚至眉毛鼻子都看得一清二楚。只见葛振林率先搬起一块大石头，高喊一声："下去吧！"举起石头狠狠地向鬼子砸去，马宝玉、胡福才、胡德林和宋学义紧跟着搬起石头向山下砸去。那成串的坚石一蹦三蹿地顺着陡峭的山势，越滚越快，如冰雹一般落在鬼子身上，又夹杂着鬼子向山下滚去。敌人前呼后应地大队人马挤在狭小的山路上，一时间，上又上不来，下又下不去，躲又躲不开，只有鬼哭狼嚎般地抱头鼠窜。

10分钟后，敌人又冲了上来，他们发现五壮士们子弹打光了，更加肆无忌惮地往上冲。为首的几个摇晃着"膏药旗"，一边乱叫一边爬着，后面的大喊着："捉活的，捉活的！"山上活动的石头已经扔完了，战士们再也找不到什么可以杀死敌人的东西。班长马宝玉从怀里掏出最后一颗手榴弹，拧下盖子，拉出导火索，稳稳地握在胸前。战士们知道最后的关头到了，五双眼睛交换着同样的信念，五颗心脏跳动着同样的节拍，五个伟岸的身躯紧紧靠在了一起，五张嘴发出了同一个声音："我们同生死，共患难！""八路军决不当俘虏！"

就在这时，蹿在最前面的几个鬼子饿狼似的扑了上来，嘴里还忘乎所以地喊着："抓活的！抓活的！"马宝玉几乎来不及思索，右臂一挥，又把这颗手榴弹也扔了过去。"轰"的一声巨响，敌人被炸得晕头转向，不敢再贸然向前扑。马宝玉扔出这颗手榴弹后，随口喊了一声："撤！"扭头跑向万年灯。说撤只不过是他突然涌到嘴边上的话，万年灯那地方，三面是悬崖绝壁，从前崖到后崖不过五六十步，还能往哪里撤？！

马宝玉带着四位朝夕相伴的战友，一步一步向悬崖边走去。他端起那只"三八大盖儿枪"，用残破的衣袖擦了擦枪身。这是他用一把铁锹亲手夺回来的战利品，是他的光荣，是他的骄傲，更是他最心爱的"朋友"。他恋恋不舍地举起枪，环顾一下战友们，沉痛地说："我们牺牲了，枪也决不能留给敌人！"说完啪地一下向岩石上砸去，枪断成两截，朝山谷中飞去。葛振林也举起枪砸了下去，却早已没有了力气，无奈只好把枪扔下山谷。宋学义、胡福才、胡德林也都跟着把枪扔下了山谷。

看着山坡上成群结队往上爬的鬼子，五位勇士没有丝毫的畏惧和胆怯。马宝玉转过身深情地望着战友们，坚定而又沉着地说：

　　"同志们，我们已经胜利地完成了上级组织交给我们的任务，现在，我们对党表达忠诚的时候到了！"

　　葛振林也激动地说："战友们，我们是红一团的战士，要同生死，共患难！"

　　五勇士齐声道："同生死，共患难！"

　　残酷的战斗，炮火的轰炸，使狼牙山伤

▽ 狼牙山五壮士雕塑

痕累累。每一座山岗、每一块岩壁都布满了枪眼、弹坑。被炮火烧焦的树木、茅草还冒着缕缕残烟，山头上、峡谷里到处弥漫着呛人的火药气息。五壮士抱着为国捐躯的信念，渴求着壮丽的一生，面无惧色地屹立在险峰之巅。一步步靠近的鬼子，惶恐地盯着五位勇士，他们怎么也想不明白：只有五个人，却抵挡着四五百人的兵力，并杀死了一百多个敌人。是什么力量支撑他们战斗了两天一夜，依然如此神勇无敌? 是什么信念引导他们站在通向死神的悬崖边上，依旧傲然挺立、无怨无悔?

时间一分一秒地走过；鬼子一步一步地向前迈进；死亡也步步紧逼地走了过来。

"八路的，投降吧，缴枪的不杀!"

"皇军优待优待的!"

"路的没有，投降的干活!"

"八路的，快投降!"

马宝玉就像没看到鬼子一样，大声喊道：

"同志们! 党考验我们的时候到了，革命

战士宁死也不投降！"

战士们异口同声地喊道："革命战士宁死不投降！"

马宝玉振臂高呼：

"打倒日本帝国主义！"

"中国共产党万岁！"

纵身跳下了悬崖。

副班长葛振林、战士宋学义、胡福才、胡德林紧随其后，高呼着：

"打倒日本帝国主义！"

"中国共产党万岁！"

"抗战必胜！"

纵身跳进了大山深谷。

如血的残阳染红了狼牙山的每一座山峦，棋盘坨顶峰肃穆静立在夕阳中，时间也在那一刹那间凝固了。气壮山河的口号声回荡在狼牙山群峰峡谷中，一山一山地传递着，一谷一谷地回荡着。岩石、陡壁、大树、小草无不为之动容，无不为之悲叹，在风中为宁死不屈的勇士们发出"呜呜"的哀号。

爬上崖头的日军，目睹眼前壮烈的一瞬，一向自我标榜"武士道"精神的他们，震惊之余，都被中华壮士这种捐躯殉国的大无畏精神折服了。面对五勇士跳崖处，水上源藏大佐脱下了军帽，随着他的口令，敌人整整齐齐地排成队，恭恭敬敬地向崖下三鞠躬。

神州千古颂忠魂

(1941—2005)

→ 得道者天助

★★★★★

　　微风吹散了硝烟，暮色笼罩了苍茫大地。敌人耗费了巨大的军事武装力量，付出了伤亡百余人的惨重代价，终于占领了这块土地，但看到的只是五名八路军战士舍身跳崖的壮举。马宝玉、葛振林、宋学义、胡福才、胡德林，五名普普通通的八路军战士，他们最高的官职不过是班长，参加的战斗也不过是一场普通的阻击战。但他们舍生取义、英勇御敌的故事是如此可歌可泣；他们不畏强暴、以身殉国的壮举又是多么令人赞叹不已。五位壮士谱写了整个晋察冀军区的华彩篇章，赢得了全国革命军人和广大群众的追崇和敬仰。

在五勇士跳崖的那一刻，有一个人正在棋盘坨对面不远的大莲花瓣山上，流着热泪看着那个惨烈的场面，他叫冉元同，是狼牙山脚下易县毛儿岩乡甘河北沟村的一位农民。这位身材不高的农民，是甘河村的一名民兵、抗日积极分子，曾多次给八路军带路、送情报，认识很多一团的官兵。他和村里的民兵护送群众转移后，又返回村里取一份重要材料，这时鬼子包围了狼牙山，冉元同只好和另一个民兵藏在一个山洞里。听到棋盘坨下激烈的枪炮声，他由于牵挂八路军战士的安危，就爬到高处能看到五位战士的地方。马宝玉五人连续打退了敌人的五次进攻，子弹、手榴弹都打光了，就用山上石头砸敌人的战斗经过和最后跳崖殉国的壮烈场面，他都看得一清二楚，感动的泪水止不住地从他脸上流了下来。

天黑鬼子撤走后，冉元同急忙回村找到没有转移出去的村民，第二天天刚蒙蒙亮，就来到棋盘坨崖底，寻找五位烈士的遗体。找了许久，只找到了马宝玉、胡福才、胡德林的尸体。他们把三名战士并排放到一个平缓的山坡上，周围用石块砌起，上面撒了一层土和石块，简单地埋葬了。

五勇士壮烈跳崖的情景同时还被隐藏在对面仙人洞内，

棋盘坨寺庙的一个老道长看得真真切切。年仅 21 岁的马宝玉班长，大义凛然、舍生取义、宁死不做俘虏，率领战士们砸碎了枪扔到山下，高呼口号，纵身跳下悬崖，让他心里敬佩不已。就连爬上崖头的鬼子兵，整整齐齐排成几列，随着指挥官的口令，面向五壮士跳崖处，恭恭敬敬地三鞠躬，都被李海忠道长看得清清楚楚。

　　葛振林醒来已是午夜时分，他觉得脑袋昏沉沉的，动一动身体，撕裂般的疼痛让他意识到自己还没有死。他仔细地观察了一下周围，原来他挂在了一棵陡壁上斜长出来的矮树上。上面是黑黝黝的峭壁的暗影，下面是深不可测的万丈峡谷。葛振林把伤痕累累的手伸进岩缝，牢牢抓住岩石的棱角，小心谨慎地向崖顶爬去。此时他口干舌燥，饥肠辘辘，强忍着爬了一会儿，实在没劲儿了，便趴在坡上不动了。就在这时，一个人快步走到崖顶，向下寻找着什么，他听见下边的喘气声，便不顾危险滑了下去。此时葛振林只有喘息之气，已无动弹之力。那个人俯下身急呼道：

　　"同志！同志！快醒醒！你还活着吗？"

　　葛振林有气无力地睁开眼，说："你……是……谁？"

　　那人说："你是不是七连的？与鬼子打了一整天的？"

　　"我是七连……六班的，我叫……葛振林。"

那人激动地说："你是跳崖的英雄啊！我叫余药夫，是易县青年救国会的，跳下去的同志还有活着的吗？"

葛振林眼泪刷地一下流了出来，哽咽地说："班长和同志们都牺牲了。"

余药夫把葛振林背到崖顶，找了一块平地躺下，刚喂了他一口水，就听见崖下仿佛有呻吟声，余药夫说："你在这儿别动，我下去看看。"

大约过了半个钟头，余药夫背着一个人爬了上来，葛振林一看，急忙叫道："学义！你还活着？"

宋学义是被一棵枯了半截的老树和一块大岩石救了命，醒过来后抓着藤条往上爬了一段又昏死过去，被余药夫发现救了上来。

原来余药夫护送群众撤离时不慎崴了脚，为了不拖累大家，便藏在山坡上一个崖缝里养伤。五勇士在山顶战斗、跳崖的经过他都历历在目，鬼子撤离后，他就一瘸一拐地攀上棋盘坨，寻找英雄的踪迹。

余药夫搀扶着葛振林、宋学义来到棋盘坨大庙的道观里，李海忠道长正在为跳崖的战士们黯然神伤。一看到他们不觉惊喜万分，急忙用盐水帮他们清洗了伤口，又用自己配置的中草药敷在伤口上止血，使伤势得到了控制。第二天，七连的战士奉命前来寻找六班的同志和受伤的战友，看到葛振林和宋学义

▽ 葛振林(左)、宋学义(右)在庆功会上

百喜交集，抬着他俩沿着一条僻静的小路下山，返回了部队。

➡ 党和人民的嘉奖

★★★★★

　　葛振林、宋学义绝路逢生回到部队后，野战部队医院全力以赴抢救。葛振林头部磕了一个洞，造成轻微脑震荡。宋学义腰椎严重错位，一只眼睛受伤，经过抢救才保住性命。邱蔚团长通过"飞线"向杨成武司令及时作了汇报，杨成武马上安排政治部派人去一团采访。晋察冀军区一分区政治部宣传干事钱丹辉前往医院采访葛振林、宋学义两位英雄，英雄们的事迹深深震撼了他，他连夜含泪将五壮士的英勇事迹写成了一篇八百多字的文稿，第二天送给杨成武司令审阅。杨成武看后非常满意，立即安排机要科："要用电报的形式发往晋察冀军区。"军区聂荣臻司令员收到电报后批示："马上向八路军总部转报。"

电稿很快传送到延安，八路军总部号召各抗日根据地军民向五位勇士学习。"狼牙山五壮士"英雄事迹随即传遍了整个敌后抗日根据地，他们表现出的不屈不挠的民族气节和舍身跳崖的英雄壮举，成为抗日根据地的一面旗帜。晋察冀军区政治部作出"宣传五壮士,向英雄学习"的决定，聂荣臻司令员指示：要通过各种形式，广泛宣传学习狼牙山五壮士的英雄事迹，做到家喻户晓，以激励军民斗志。

1941年10月18日，为了悼念以身殉国的马宝玉、胡福才、胡德林三位烈士，第一军分区隆重召开了追悼大会。杨成武司令员在追悼大会上宣读了晋察冀军区司令部和政治部发出的训令。训令要求全军区部队学习马宝玉等五位勇士英勇、坚决、顽强的斗争精神，在全区掀起学习五壮士的热潮。同时晋察冀军区还决定了四项纪念办法：

一、在每次战斗中，高度发扬英勇顽强的战斗精神，以战斗胜利纪念他们；

二、在烈士牺牲的地方建纪念碑；

△ 一分区政治部主任罗元发给宋学义英雄花并佩戴

　　三、授予马宝玉、胡福才、胡德林三烈士为一团模范荣誉战士，每逢纪念日点名，首先从荣誉战士点起；

　　四、对光荣负伤的葛振林、宋学义除通令嘉奖外，各赠"模范青年"奖章一枚。

　　追悼大会召开不久，葛振林和宋学义在医护人员精心照料下伤愈出院了。出院第二天，一分区在一团驻地易县北娄山举行颁奖大会。司令员杨成武亲自将军区颁发的"坚决顽强"

五星奖章和"模范青年"银质奖章佩戴在葛振林和宋学义胸前,一分区政治部主任罗元发给他俩戴上了英雄花。大会上七连还获得一面锦旗,上写:学习五勇士顽强的革命精神,发扬英勇果断的战斗作风。

最后,杨成武司令员宣布了晋察冀军区的命令:送葛振林、宋学义二同志到抗大二分校学习深造。

1942年1月,晋察冀一分区决定在狼牙山棋盘坨顶峰五壮士跳崖的地方建立纪念塔。晋察冀军区司令员聂荣臻在碑体上书写了"狼牙山三烈士纪念碑"九个大字,并题词:

视死如归本革命军人应有精神

宁死不屈乃燕赵英雄光荣传统

"三烈士塔"巍然耸立在狼牙山上,激励着根据地人民抗战到底的斗志,却令日本侵略者不安与惧怕,并千方百计地炸毁了它。1959年,为了缅怀狼牙山五壮士的英雄事迹,继承发扬五勇士的革命精神,中共易县县委决定重修"狼牙山三烈士纪念塔",由聂荣臻元帅亲自题写了"狼牙山五勇士纪念塔"的塔名和铭文。1986年,中共河北省委、省政府第三次修建了"狼牙山五勇士纪念塔",乳白色的纪念塔耸立在群峰环抱之中,显得更加庄严肃穆。

→ 俯首甘为孺子牛

☆☆☆☆☆

　　宋学义在抗大二分校毕业后，光荣地加入了中国共产党。不久回到了七连，他英雄本色不减当年，每次战斗总是冲在前头，屡建奇功。但由于战争的摧残，身体每况愈下，特别是当年跳崖腰椎受了重伤，一直没有痊愈，落下了残疾。长途的行军和战场的拼杀，让他越来越无法承受，有时候伤口发作起来，只能让战友背着。宋学义看到自己已经无法行军打仗了，留在部队只会给领导和战友带来麻烦，就坚决跟首长要求离开部队，首长们拗不过他，便在1944年让他复员了，落户在八路军的

"堡垒村"易县北管头村。

北管头村的村民们都知道宋学义是战斗英雄，十分敬重他，村里分给他二亩地、三间房，帮他安了家。他成了一名普通的老百姓，可他从不忘记自己是一名共产党员。宋学义在村里积极参加党的组织活动，带领民兵训练，帮着困难群众干活，闲下来时就挑着筐村里村外捡粪。不久，乡亲们推选他当了北管头村农会主席，他就带领着乡亲们搞土改、分田地、反奸除霸、支援前线。他不顾伤残的身体，一心一意为群众操劳，从不居功自傲。

宋学义的所作所为赢得了乡亲们的敬佩和爱戴，1946年3月，在村民们的热心介绍下，他与本村贫农李老广的女儿李桂荣结了婚。1947年6月，宋学义听说家乡解放了，就经当地政府批准，带着共产党员介绍信和革命伤残军人证明书，和怀孕的妻子长途跋涉四十多天，回到老家河南省沁阳县王曲乡北孔村。

当时沁阳县城刚刚解放，宋学义回到阔别的家乡，见到了日夜思念亲人，不禁百感交集，泪沾襟衫。亲人们告诉他：在他参军不久，父亲就带着全家外出逃荒，哥哥在煤矿做工被砸死了；婶母和堂弟相继死于日本侵略军的刺刀之下；两个妹妹，先后被迫卖给人家当童养媳，一年后，父母在贫困交加中双双离开人世。宋学义痛哭过后谢绝了村长要帮他修房的好意，自己找了些残砖旧瓦，凑合着盖了两间房子。

宋学义在北孔村被推选为农会主席，在反奸除霸、减租减息和土地改革工作中，他把土地、房屋、钱财、衣物都分给穷苦百姓，可他却严格要求自己，坚持不给自己分房屋、钱财等贵重物品。宋学义居功不自傲，只字不提当年跳崖的事情，村里的老老少少只知道他是一名吃苦耐劳的共产党员，一名公道正派的残疾老八路，谁也不知道他是赫赫有名的抗日英雄，狼牙山五壮士幸存者之一。就连他的儿子在语文课本上发现自己的父亲和狼牙山五壮士同名同姓，回家问他时，他都笑一笑回答说："咋会呢? 不是, 不是。"

1951 年，党中央要求寻找战争年代英勇杀敌，作出过突出贡献，返乡后与原部队失去联系的战斗英雄，为第二年在首都召开的全国老军人、老烈属和残疾军人代表大会作准备。河南省沁阳县接到任务后，马上到王曲乡北孔村宋学义的家乡寻找他。宋学义本不想承认，后来经过做他和爱人的工作后才道出实情，并且说："要论功劳，我们班长马宝玉、胡福才、胡德林以及副班长葛振林才是真正的英雄，人民的功臣，我只是做了我自己应该做的……"

1959 年 11 月，宋学义出席了全国烈属、军属、残疾军人和复员退伍军人积极分子代表大会，并受到了毛主席及其他党和国家领导人的接见。从此他的干劲更足了，带领群众艰苦创业，战盐碱，斗黄沙，使北孔村发生了巨大变化，受到了上级领导和群众的高度赞扬。但由于他在艰苦卓绝的抗日战争中身负重伤，落下了残疾，又在建设祖国、改变家乡面貌过程中，忘我工作，积劳成疾，患了严重的肝病。1971 年 6 月 26 日，宋学义病情恶化，与世长辞，终年 53 岁，遗体安葬在沁阳烈士陵园。河南省人民政府于 1979 年 6 月 23 日，授予他"革命烈士"称号。

▶ 宋学义烈士墓

→ 永远的丰碑

★★★★★

　　葛振林伤愈后也回到了七连，并重新组建了六班。新六班仍然是全连"尖刀班"，英勇顽强地驰骋在晋察冀抗日根据地上，直至把日本帝国主义赶出了中国。日寇投降后，葛振林又投入到解放战争和抗美援朝战争中，在战场上他奋勇杀敌，骁勇善战，屡建奇功。朝鲜停战回国后，他又在湖南省警卫团后勤处、湖南省公安大队、衡阳市人民武装部和衡阳市警备区后勤部等部门担任重要领导工作，1982年离休，享受正师级待遇。

　　葛振林战场上临危不惧、英勇善战；

工作中兢兢业业、一丝不苟；离休后仍放不下英雄情怀，一直致力于关心青少年下一代的成长上。他担任着衡阳市"关心下一代工作委员会"副会长和衡阳市几十所中小学、工厂的义务校外辅导员。他给孩子们讲英雄故事、讲革命传统，打动了孩子们稚嫩的心灵，为他们从小就树立起正确的世界观起到了重要作用。

◁ 1959年5月，在湖南省长沙各界青年纪念五四运动四十周年大会上，葛振林为青年们讲战斗故事。

▷ 1985年8月，葛振林应邀参加湖南省少先队代表会议。

◁ 葛振林

葛振林离休后作了近百场报告会，他不但分文报酬不要，而且不管是哪里发生了灾害还是谁有了困难，他总是第一个捐款。他常常对身边人说：

"党给了我很高荣誉，把我们的事迹写到课本里，我终生感到快乐。现在，我离了休，但我是在军旗和党旗下走过来的，能为遇到困难的人献上一丝情，这是很值得的！"

2005 年 3 月 21 日 23 时，衡阳市一六九医院三内科急诊室挤满医务人员。葛振林始终处于昏迷状态，他的家人紧张地守候在他的身旁。当心电图记录仪上发出"滴、滴、滴"的响声时，显示所有的生命指征都退至为零，一条平缓的直线宣告——狼牙山五壮士中唯一在世的英雄，葛振林老人走完了他 88 年辉煌人生的最后历程。

2005 年 3 月 25 日上午 9 点 30 分，葛振林同志的遗体告别仪式在衡阳市殡仪馆举行。凄婉低沉的哀乐回荡在大礼堂内，一束束鲜花，一副副挽联，一张张满是泪水的脸……衡阳各界两千多名群众，冒着纷纷的细雨来到殡仪馆，向这位名震中外的抗日英雄做最后的告别。一群小学生在老师带领下，激情地背诵起课文《狼牙山五壮士》。

葛老的遗体火化后，安葬在衡阳市烈士陵园。

葛振林于抗日战争最艰苦的时期参加八路军，战斗近百次，他作战机智勇敢，不畏艰险，在血与火的洗礼中，经受住了生与死的考验，充分体现了一名优秀共产党人顽强不屈的风范。湖南省军区副司令员黄明开亲手写的一副挽联，正是葛振林英雄一生的光辉写照：

壮士震狼牙纵身一瞬成大义，

悲歌承易水神州千古颂忠魂。

后 记

民族之魂 万世流芳

从小就看过电影《狼牙山五壮士》，五位八路军战士在弹尽援绝之时，毫无惧色地站在狼牙山顶峰，宁可以身殉国跳下万丈悬崖，也决不贪生怕死做敌人俘虏的高大形象，一直萦绕在我稚嫩的脑海中，挥之不去。

上学后，在老师循循善诱的教诲下，对课文《狼牙山五壮士》有了更深刻的理解与体会。五勇士面对几千名日本侵略者，大义凛然，不畏强暴，为了掩护主力部队及群众安全转移，英勇阻击，机智诱敌，打死一百多名日伪军后，舍身跳崖。此举令几千名具有"武士道"精神的日本侵略者大大为之折服，纷纷向壮士跳崖处鞠躬以示敬意。马宝玉、葛振林、宋学义、胡福才、胡德林五人勇猛顽强、敢于牺牲的大无畏精神，感动了一代又一代中华儿女，激励了一大批热血男儿为中华振兴而献身。

登上狼牙山，拾级而上，人们会看到一座乳白色纪念塔矗立在棋盘坨顶峰。塔身五层，呈正五边形，占地面积六十九平方米。塔身正面镌刻着聂荣臻元帅亲笔题写的"狼牙山五勇士纪念塔"九个金光闪闪的大字，五勇士浮雕像镶嵌在与塔底同高的汉白玉旗上，栩栩如生，让慕名而来的人们在缅怀壮士的同时，不禁又回到那战火纷飞的年代，仿佛狼牙山的勇士们顽强抗敌、浴血奋战的壮烈场面又在眼前浮现，使全世界热爱和平的人民在凭吊先烈英灵之时，更加鄙夷侵略、屠杀、战争，也更加珍惜无数英烈用血肉之躯铸就的幸福安乐的生活。纪念塔在周围苍松翠柏掩映下的群峰环抱之中，显得更加庄严雄伟，肃穆巍峨。

我们憎恶战争，但绝不能忘记历史。昔日战火中的斑斑血迹，已被历史的风沙所遮盖，但狼牙山石壁上累累的弹痕，依然清晰地印刻在那里，就像不散的英雄魂魄一样，警醒着善良的人们时刻提防外来侵略者的入袭；教育后代子孙学习先烈们不屈不挠的民族气节和不畏强暴、敢于牺牲的爱国主义精神；激励着中华优秀儿女奋发向上、勇往直前，为中华民族永远屹立在世界强者之林而献身！